中学教师专业化成长方式的实证研究

——以深圳市坪山区为例

彭炫 张晓燕 / 著

吉林人民出版社

图书在版编目（CIP）数据

中学教师专业化成长方式的实证研究：以深圳市坪山区为例 / 彭炫，张晓燕著. — 长春：吉林人民出版社，2023.6

ISBN 978-7-206-20149-3

Ⅰ.①中… Ⅱ.①彭… ②张… Ⅲ.①中学教师—师资培养 Ⅳ.①G635.1

中国国家版本馆CIP数据核字（2023）第132158号

中学教师专业化成长方式的实证研究
——以深圳市坪山区为例

ZHONGXUE JIAOSHI ZHUANYE HUA CHENGZHANG FANGSHI DE SHIZHENG YANJIU
——YI SHENZHENSHI PINGSHANQU WEI LI

著　者：彭　炫　张晓燕　　　封面设计：李　娜

责任编辑：王　丹

吉林人民出版社出版发行（长春市人民大街7548号　　邮政编码：130022）

印　　刷：北京政采印刷服务有限公司

开　　本：787mm×1092mm　　1/16

印　　张：13.75　　　　　字　　数：165千字

标准书号：ISBN 978-7-206-20149-3

版　　次：2023年6月第1版　　印　　次：2023年6月第1次印刷

定　　价：58.00元

前　言
FOREWORD

　　21世纪以来，在我国经济的带动下，基础教育课程改革如火如荼地进行着，教师专业成长受到社会的广泛关注，取得了一定的研究成果。本研究通过梳理国内外有关教师专业化成长方式的文献，发现关于实证研究的内容较少。故本书以处于城市新兴区域的深圳市坪山区的中学教师为研究对象，研究教师专业化成长的方式。

　　本研究通过梳理相关文献，将教师专业化成长方式定义为教师在成长过程中，专业化角度上的个人与学校层面所采取的促进成长的方法和形式。本研究确定了教师专业化成长方式的四个维度，根据维度设计调查问卷与访谈提纲，并以全区中学教师为问卷调查对象，选取区内的四所具有典型性与代表性的学校为个案研究对象，考察其教师专业化成长方式的综合表现，比较分析差异，最后根据研究结论，提出具有针对性的建议与对策。本研究一共分为八章：

　　第一章为绪论，分为五个小节，主要阐述研究的背景、目的、问题、价值、设计与创新点等内容。第二章为理论基础，对核心概念进行界定，并为研究提供一定的理论基础。第三章为国内外研究现状分析，对国内外关于教师专业化成长方式的文献进行分析，梳理出国内外研究的热点，把握研究的大体方向。第四章为量表的预试与正式量表的生成研究，根据前文的分析设计本研究的初步问卷，并进行先导研究，通过因子分析与信度分析预试问卷的可行性，发展出教师专业化成长方式四个维度的正式问卷。第五章为坪山区中学教师专业化成长方式现状整体概况分析和讨论，通过量化处理进行描述性分析、相关分析与差异分析，得出初步结论，并通过Z分数选取需要质化研究的四所个案学校。第六章为个案学校的研究结果分析和讨论，通过深入学校进行访谈，验证问卷的数据可靠性以及进一步理解数据背后的信息。第七章为个案学校的比较分析和讨论，梳理前文的量化数据与访谈资料，进行个案的比较，找到异同点及其影响因素。第八章为创新教师专业化成长方式的建议，总结研究结论，并提出教师专业化成长方式的可行性对策和建议。

CONTENTS

第一章 绪 论

第一节 研究背景 ……………………………………3

第二节 研究目的及问题 ……………………6

第三节 研究价值 ………………………………8

第四节 研究设计 ………………………………10

第五节 创新点 …………………………………15

第二章 教师专业化成长方式的理论基础

第一节 核心概念界定 ………………………19

第二节 相关理论基础 ………………………23

第三章 国内外研究现状分析

第一节 国内文献研究的分析 ………………33

第二节 国外文献研究的分析 ………………54

第三节 文献评析 ………………………………57

第四章 量表的预试和正式量表的生成研究

第一节 量表的编制与发展 …………………63

第二节　讨　论 ………………………………………… 78

第五章　坪山区中学教师专业化成长方式现状整体概况
　　　　分析和讨论

第一节　整体量化研究结果分析和讨论 ………… 86
第二节　质化研究四个个案的选取 ……………… 110

第六章　个案学校的研究结果分析和讨论

第一节　个案学校A的研究发现与讨论 …………… 115
第二节　个案学校B的研究发现与讨论 …………… 124
第三节　个案学校C的研究发现与讨论 …………… 135
第四节　个案学校D的研究发现与讨论 …………… 146

第七章　个案学校的比较分析和讨论

第一节　A学校和B学校的比较研究 ……………… 159
第二节　C学校和D学校的比较研究 ……………… 166

第八章　创新教师专业化成长方式的建议

第一节　研究结论 ………………………………… 175
第二节　对策与建议 ……………………………… 180

附　　录 …………………………………………… 187
参考文献 …………………………………………… 207
结　　语 …………………………………………… 213

01 | 第一章

绪 论

第一节 研究背景

一、时代背景

随着我国经济的高速发展，人们对教育的要求越来越高，而教师作为教育的关键要素，其职业发展受到社会各界的高度重视。教师专业化已经成为国内外教师职业发展的基本趋势。伴随终身教育理念和我国基础教育课程改革的推进，教师专业化以及成长方式问题必将成为有关部门的关注重点。

《国家中长期教育改革和发展规划纲要（2010—2020年）》提出要"提高教师业务水平。完善培养培训体系，做好培养培训规划，优化队伍结构，提高教师专业水平和教学能力。通过研修培训、学术交流、项目资助等方式，培养教育教学骨干、'双师型'教师、学术带头人和校长，造就一批教学名师和学科领军人才"[1]。

教育部等五部门印发的《教师教育振兴行动计划（2018—2022

---

[1] 国家中长期教育改革和发展规划纲要工作小组办公室.国家中长期教育改革和发展规划纲要[N].人民日报，2010-03-01（5）.

年）》中强调："不断优化教师培养培训的内容方式，显著提升教师综合素质、专业化水平和创新能力，为发展更高质量更加公平的教育提供强有力的师资保障和人才支撑。同时要创新教师教育模式，培养未来卓越教师。高校与中小学协同开展教师培养培训、职前与职后相互衔接的教师教育改革实验区，带动区域教师教育综合改革，全面提升教师培养培训质量。"

中共中央、国务院印发的《关于全面深化新时代教师队伍建设改革的意见》中要求"到2035年，教师综合素质、专业化水平和创新能力大幅提升，培养造就数以百万计的骨干教师、数以十万计的卓越教师、数以万计的教育家型教师"。

随着《深圳市实施东进战略行动方案（2016—2020年）》的提出，坪山区等城市新兴区域迎来了新的发展机遇，然而教育要和经济发展相配套，相匹配，甚至要超前于经济发展。教师作为育人的主体，在新的形势下，教师专业化成长显得尤为迫切。

二、理论背景

终身教育是由保罗·朗格朗（Paul Lengrand）于1965年提出的，他是法国著名成人教育家和教育思想家。进入20世纪70年代，全世界越来越重视这种教育思想并表示赞同。目前终身教育思想已经被各国用来指导教育的重新阐述、教与学的重新编写和教育改革的进行。[1]同时，新课改赋予了教师三大角色——"新型知识传授者""学生学习促进者""教育研究者"。因此，教师要不断学

---

[1] 魏茂全.成人教育：构建终身教育体系的基石［J］.中国成人教育，2007(5)：13-14.

习、不断钻研，才能实现角色的转变，教师专业化成长势在必行。

三、实践背景

坪山区原属于深圳市关外地区，2009年成立功能区，2016年国务院正式批复成立行政区。由于长期的历史欠账，坪山区经济相对落后，教育发展不足。据统计，初高中教师研究生学历比例偏低（小学4.58%，初中14.40%，高中17.60%，截至2016年，下同），正高级教师、特级教师人数和比例明显不足，远远低于市内其他区（正高0人，特级6人），省市级名师数量和比例严重不足，高层次人才严重短缺（省级名师约占区在编教师的2%），名校毕业生数量明显偏低（六所部属师范大学毕业生约占8.9%）。坪山区的教育长远发展，除了要引进优质师资外，更多的是应该依靠存量教师的成长。在上述背景下，研究有哪些适合城市新兴区域的教师其成长方式以促进教师专业化，孵化名师，引领整个教师群体，是当前的诉求。

综上所述，随着国家对教育重视程度的不断提高，教师正从"职业"走向"专业"。在新时代，我们对于教师的培育不能停留在代表静态的"专业"上，而应该把关注点聚焦于研究教师如何快速成长——教师专业化成长方式这一动态过程中，其对于整个教师群体的意义非常重大。

第二节　研究目的及问题

一、研究目的

本研究主要是以学习型组织理论为指导。首先，通过把握国内外教师专业化成长方式的研究现状与理论基础，通过因素分析构建量表效度、信度分析求出量表的信度，调整并开发出教师专业化成长方式的评价量表，结合实地访谈，以坪山区代表性中学的教师为对象，了解其专业化成长方式的现状；其次，通过问卷调查的数据与访谈结果的类属分析，发现坪山区中学教师在专业化成长方式上存在的问题并进行原因分析；最后，根据数据分析结果，从不同层面（学校、个人），创新教师专业化成长方式，提出提升策略，如探索新型的教师培养模式的构建与实践等，为同类区域、类似校情的学校提供教师培训的"原型"借鉴。

二、研究问题

本研究的研究问题共分为两部分。

本研究的第一部分问题：

1. 深圳市坪山区中学教师专业化成长方式的现状如何？

2. 教师专业化成长方式的比较研究：

（1）学校的脉络特征变量和教师专业化成长方式的关系如何？

（2）学校宏观层面间（公办学校和民办学校、初中学校和高中学校、新办学校和旧办学校）的教师专业化成长方式比较分析如何？其表现特征如何？

本研究的第二部分问题：

根据量化研究中的学校性质和教师专业化成长方式的综合表现情况确定四所代表性学校进行个案研究，这是对量化研究的深度研究。本部分主要是通过对典型教师的个人成长历程及其对自我和环境因素的审视、对学校促进教师专业成长的措施的思考，分析教师专业化成长方式的综合表现不同的原因及其影响因素，探讨在个人层面和学校层面，如何改进或创新现有的教师专业化成长方式。

质化研究的主要问题是：

1. 四所个案学校教师专业化成长方式现状如何？

2. 四所个案学校教师在专业上是如何成长的？

3. 四所个案学校在教师专业化成长方式方面所采取的措施或创新举措是什么？

第三节　研究价值

一、学术价值

首先，本研究丰富了学习型组织理论在教育领域的研究成果。彼得·圣吉（Peter Senge）等人认为，学习型组织来源于不一样的管理思潮，它是由以往的管理理论逐步发展而来，不断整合，从而以过去的管理理论为基础而建立的。[①]本研究立足教育，从教育的视角，在学习型组织理论的指导下，研究教师的专业化成长方式，以丰富该理论在教育领域的研究成果。

其次，本研究拓展了基于词频分析法可视化的知识图谱在教育领域研究中的应用。知识图谱的基本方法主要包括引文分析法、共被引分析法、多元统计分析法、词频分析法、社会网络分析法。本研究采用词频分析法对"教师专业化成长方式"进行文献综述研究，指明了该研究主题的当前热点与未来趋势。

---

① 张兆芹，卢乃桂，彭新强. 学习型学校的创建：教师组织学习力新视角［M］. 北京：教育科学出版社，2011：38.

最后，本研究尝试构建较新的教师培养模式或模型，丰富教师成长方式，如基于"三导师制"的教师培养模式、基于U-S（University-School）合作模式的"双尖铅笔"学习共同体模型等。

二、应用价值

首先，本研究对坪山区中学教师专业化成长方式现状进行了调查，并总结造成此种现状的原因，挖掘名师成长经验。

其次，开发出一份关于教师专业化成长方式的正式量表。通过对文献内容和理论基础的梳理，归纳出初始量表，并通过先导研究进行量表的效度分析与信度分析，形成正式量表，作为自评或他评的测量工具投入实践。

最后，为更多教师的自我成长和学校的教师培训提供"原型"启发，为教师培训工作提供具有建设性价值的经验参考与启示，从而促进教师个人专业化发展与成长，完善教师培训模式。

第四节　研究设计

一、研究方法

本研究主要采用文献研究法、问卷调查法、访谈法三种研究方法。

（一）文献研究法

文献研究法：通过对图书、论文、档案、文件等文献的分析研究，论证、说明和解决问题。文献研究法的一般步骤：收集文献、鉴别文献、查阅文献、整理分析、撰写论著。[①]

通过对国内外关于本研究主题的文献进行梳理，把握教师专业化成长方式的研究现状，为进一步的研究打下坚实的基础。其中，对国内文献进行梳理的时候，采用了量化与质化相结合的方法。首先通过Bicomb2.0软件（书目共现分析系统）提取目标文献的信息（年份与关键词），并对关键词进行标准化处理、词频统计、相异系数统计。然后通过Excel2016对发文量进行年份统计，并进行阶段

[①] 刘蔚华，陈远.方法大辞典［M］.济南：山东人民出版社，1991：354-372.

性回归分析以检验。最后通过SPSS25对高频关键词进行聚类分析以及多维尺度分析，绘制聚类树状图和知识图谱，结合战略坐标与文献内容的梳理和综述，把握研究主题的热点与发展趋势。

（二）问卷调查法

问卷调查法：是当代调查的主要手段之一。问卷中的提问方式可分为三类：结构式提问、开放式提问、半结构式提问。[①]

结合已有的文献与理论基础，总结出中学教师专业化成长方式的维度，将指标具体化为可操作条目，选取受试者预试，进行信度与效度分析，最终形成正式的评价量表。最后施测正式量表，收集数据，分析深圳市坪山区中学教师专业化成长方式的现状。

（三）访谈法

访谈法通常是调查人员与调查对象面对面交谈，根据调查问题拟定调查提纲，向调查对象提问，对回答内容及观察到的动作行为、表情进行记录分析。[②]

根据维度，设计访谈提纲，以深圳市坪山区中学突出的教师个案为研究对象进行访谈。访谈目的：了解教师对教师专业化成长的认识，了解学校开展了哪些校本培训或项目活动以促进教师专业化成长，了解教师个体如何进行自主学习以促进自身专业化成长，了解影响教师专业化成长的现状及障碍或影响因素，了解教师希望学校能提供何种措施以促进教师专业化成长的需求，等等。将访谈音频资料转化成文本资料，并进行类属分析。

---

① 刘蔚华，陈远.方法大辞典［M］.济南：山东人民出版社，1991：354-372.

② 邱沛篁，吴信训，向纯武，等.新闻传播百科全书［M］.成都：四川人民出版社，1998：1318-1319.

二、研究框架与思路

本研究以坪山区的全体中学教师作为研究对象，包括公民办学校、九年一贯制学校的初中部、完全中学。具体研究概念架构图见图1-1，研究思路框架图见图1-2。

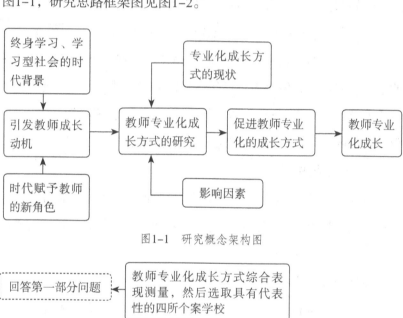

图1-1　研究概念架构图

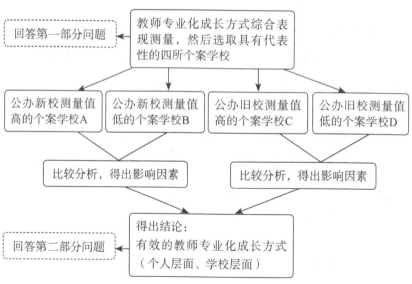

图1-2　研究思路框架图

根据研究问题，采用量化研究和质化研究相结合的方法进行研究。

（1）先采用封闭式问卷法面向坪山区全体中学专任教师了解情况，再采用开放式问卷法面向不同类型的学校、不同学段、不同学科的教师进一步验证和了解深层次的情况见表1-1。

表1-1 开放式问卷发放计划表

	01 GBCZ	02 GBCZ	03 GBCZ	04 GBCZ	05 GBCZ	06 GBCZ	07 MBCZ	08 MBCZ
语文	●		●		●	●	●	●
数学	●	●				●	●	●
英语	●		●				●	●
物理		●	●	●	●			
化学	●	●					●	●
生物				●				●
历史			●					●
地理		●						
政治	●							
体育				●		●		
艺术			●		●			
其他		●		●				

（注：GBGZ表示公办高中，GBCZ表示公办初中）

（2）在量化研究结果的基础上，根据学校的性质和教师专业化成长方式的综合表现情况确定四所代表性学校进行个案研究。

（3）采用质化研究方法，分类抽样，通过开放式问卷法和访谈法以个案研究方式进行实地的接触与观察，在有限的时间内获取更大的信息量。被访教师的选择要具有代表性，包括校长、主任、级长和教师，注重包括不同行政职位、专业职称和年龄层次等各方面的样本。然后通过比较研究，分析四所学校的差异，最终得出研究结论。访谈提纲如下：

① 您在教师成长方面（学科、德育、教育综合等，下同）做了哪些努力促进了自身成长？您认为最为重要的一种方式是什么？能否谈谈该方式具体的操作？

② 有哪些关键的事情/人物/时刻，促进了您成长的质的飞跃？

③ 您在教师成长方面遇到了哪些瓶颈，其原因是什么？个人层面计划将如何突破，或需要哪些帮助才能突破？

④ 您观察到您的同事在教师成长方面遇到了哪些瓶颈，其原因是什么？您能给他/她一些成长建议吗？

⑤ 个人成长与团队学习共同成长相比较，您更倾向于哪种？理由是什么？

⑥ 贵校提供了哪些平台或采取了哪些措施促进教师专业成长？您觉得成效如何？您期望学校层面为教师的成长做哪些努力？

综上所述，本研究的原始数据主要通过问卷调查法、访谈法收集见表1-2。

表1-2　研究过程示意图

研究流程	发放封闭式问卷	→量化研究	→了解概况		
			→确定学校	→分类抽样	→开放式问卷调查
					→访谈
研究方法	问卷调查				问卷调查 访谈
研究阶段	量化研究阶段			质化研究阶段	

第五节 创新点

一、研究手段的创新

采用量化研究与质性研究相结合的研究手段，发挥各自所长，弥补方法的不足，如运用Bicomb2.0软件进行文献信息的提取；基于词频分析法可视化的知识图谱对"教师专业化成长方式"进行文献综述研究，指明了该研究主题的当前热点与未来趋势；通过因素分析、信度分析等，测定量表的信度与效度；通过访谈法，做深入调查，了解教师对本研究主题的认识，并进行类属分析，并提出针对性建议。

上述方法中，知识图谱能解决传统的文献计量方法所不能解决的问题。后者一般只能解决"极值""排序"类问题，如哪个机构、哪位作者或哪个年份发表的论文最多，哪篇论文被引量最高，哪个关键词的出现频次最多，等等，却无法解决文献数据中存在的"结构"类问题，如大规模文献数据中复杂的"研究主题的结构""作者合作关系"以及"作品共被引"等问题。而要解决这些问题，就必须依靠近年来在国际科学计量学界和图书情报学界兴起时间不长的"知识图谱绘制方法研究"。①本研究采用"知识图谱绘制方法"中的其中一种——基于词频分析法的可视化，从发文量年份分布统计、关键词词频统计分析、相异系数共词分析、系统聚类分析、多维尺度分析等方面，梳理该研究领域的研究总趋势、单个关键词的重要性、关键词的两两关系、关键词的全局关系——类群化、领域的研究热点与趋势。

二、实践模式的创新

尝试构建并实践较新的教师培养模式或模型，丰富教师成长方式。虽然传统的教师培养模式及自主成长方式，如师徒结对、青蓝工程、教研训一体化、名师工作室、集体备课、教学反思、同课异构等，有一定的成效，但名师资源匮乏的城市新兴区域的学校仍需探索新的教师培养模式，以满足教师的自我成长与学校的名师建设工程，如本研究提出的基于"三导师制"的教师培养模式与基于U-S合作模式的"双尖铅笔"学习共同体模型等。

---

① 汤建民. 基于中文数据库的知识图谱绘制方法及应用：以创新研究论文的分析为例 [M]. 杭州：浙江大学出版社，2010：2-3.

02

第二章

教师专业化成长方式的理论基础

第一节　核心概念界定

一、城市新兴区域

天津社会科学院蔡玉胜认为："新兴区域是指我国实行改革开放政策以来，由各级政府主导，在交通、资源、智力、信息等具有吸纳生产要素优势的特定区域，实行集中开发和特殊经济政策及建设管理模式，按照市场经济基本规律建设起来的、相对独立的功能区，主要包括经济特区、开发区和新区等。"①

相较于"城市新兴区域"，"新兴区域中心城市"在现代社会的日常生活中出现的频率更高。深圳虽然拥有1700多年的郡县史，在1980年才被批准设置为经济特区，之后得到快速发展，地处发达的珠三角地区，但是不能算是新兴区域。本书的研究范围是相对后发的坪山区（2017年划分为行政区），随着东进战略的推进，该区域得到重视并快速发展，成为深圳发展"第三极"，属于城市新兴

---

① 蔡玉胜. 国际新兴区域城市管理的发展趋势及对我国的启示［J］. 兰州学刊，2010（6）：68-70.

区域。

二、教师专业化

对于教师专业化这一概念，我们应该从动态和静态两个方面来理解。从动态的角度来说，教师专业化主要是指教师在严格的专业训练和自身不断主动学习的基础上，逐渐成长为一名专业人员的发展过程。而从静态的角度来说，教师专业化是指教师职业真正成为一个专业，教师成为专业人员得到社会承认这一发展结果。[①]

学者刘捷认为，教师专业化，是职业专业化的一种类型，指"教师个体专业水平提高的过程以及教师群体为争取教师职业的专业地位而进行努力的过程，前者是教师个体专业化，后者是指教师职业专业化"[②]。

学者刘湘溶认为，"教师专业化就是教师按照工作岗位的需要，通过不断的学习与训练，获得学科专业知识与教育专业知识技能，实施专业自主，表现专业道德，逐步提高从教素质，取得相应的专业地位的过程。"[③]

本研究仅仅针对教师个体专业化，即教师个体在其整个专业生涯中，进行有组织、有计划的系统化专业训练，从而获得教育通识，获取专业技能，逐步提高教育教学素养，成为一个优秀的具有

[①] 陈琴，庞丽娟，许晓晖. 论教师专业化［J］. 教育理论与实践，2002（1）：38-42.

[②] 刘捷. 专业化：挑战21世纪的教师［M］. 北京：教育科学出版社，2002：80-81.

[③] 刘湘溶. 简析教师专业化与教师教育专业化［J］. 中国高教研究，2004（7）：22-25.

很高的专业水平的人民教师。①

三、成长方式

从马斯洛需求层次理论的角度来看，教师的成长属于最高层次
的需要——自我实现。顾名思义，成长需要是一种与成长相关的需
要，它产生于人的生命成长过程中。从需要的角度看成长，它是教
师个体本真的需要，每个人都需要成长，都需要发展；是教师个体
需要自觉意识与承担的责任；是出自每个个体的一种动力。从成长
的角度看需要，它具有了整体的综合性、时间的终身性和空间的广
域性；凸显了他人与自我的关系，教育与个体的关系。②

"成长"指的是长大，向成熟的阶段发展。"方式"指的是说
话做事所采取的方法和形式。③故"成长方式"指的是个体在向成
熟的阶段发展过程中，在专业成长或专业发展方面所采取的方法和
形式。

与"方式"相似的词语还有"途径""路径"等，这些词语在
《大辞海·语词卷》中被解释为道路、门径等。本研究认为，"方
式"一词不仅包含了"途径""路径"的意义，即不局限于教师实
现专业化成长的路径、形式，还包含了"策略""方法"等的意
义，也就是说，"方式"一词范畴更大。

在本研究中，特定的研究对象是中学教师，旨在研究教师在

---

① 叶澜. 教育学原理 [M]. 北京：人民教育出版社，2007：127–129.
② 楼世洲. 教师的专业化发展与职业化进程 [J]. 河北师范大学学报（教育科学
版），2004（5）：97–102.
③ 夏征农，陈至立. 大辞海·语词卷 [M]. 上海：上海辞书出版社，2011：896.

"新手型—骨干型—名师型"这一成长过程中，在教师个体专业化、专业成长或专业发展方面，在个人与学校层面上，所采取的方法和形式。

四、成长方式与专业成长的辨析

专业成长（也可称为专业发展），是指增进教育者专业思想、专业知识、专业能力的过程和活动。专业成长是一个有意识的过程，包括目标、过程和评估。它也是一个持续的过程，强调教师在职业生涯中保持终身学习。它更是一个系统的过程，要将个体方面的完善与组织解决问题和自我更新能力完美结合起来。[①]总体而言，专业成长强调的是过程，是活动，是一个动态，却未包含方法和形式。

而成长方式却强调方法和形式，尤其是在专业成长这一动态过程中所采取的方法和形式。可见，成长方式和专业成长（专业发展）显然不是同一个概念，一个侧重策略，另一个侧重过程。

---

① 杨江峰. 校本教研与教师专业成长［M］. 福州：福建人民出版社，2014：47-48.

第二节 相关理论基础

一、学习型组织理论

彼得·圣吉受"系统动力学"的影响，融合团队管理、组织学习、创造原理、认知科学和群体深度讨论等提出了学习型组织理论。他在《第五项修炼》中提到，五项修炼本身就是学习型组织的核心理念，亦即五项技术，它是改善个人与组织思维定式的学习技能。五项修炼分别是自我超越、改善心智模式、建立共同愿景、团队学习、系统思考。"自我超越"是个体成长的学习修炼，它主要包括"创造性张力"和"情绪张力"这两方面的紧张和冲突。改变组织的心智模式，最关键的是检视领导者所持有的心智模式，否则，组织的行动只能限于固有的，为决策者所习惯的范围之内。组织必须持续不断地鼓励成员实现个人愿景和共同愿景的融合，才会有创造性的学习。团队学习是发展团队成员与实现共同目标能力的过程。系统思考是五项修炼中的核心技能，要求人们能综合全局，能形成系统思考模式。①

学校作为引导教师走向专业化成长的组织方，要善于"系统思考"，以开放的方式，承认教师在认识方面存在的不同（改变心智模式），注意"团队学习"，培养成长主体（教师）对团队的长期承诺（建立共同愿景），鼓励他们实现"自我超越"。

二、教师专业发展阶段理论

国内外现有文献对"教师专业化成长"的理解主要集中在三个方面：一是指教师的专业成长过程；二是促进教师专业发展的过程，即教师教育；三是对前两类研究的综合研究。

教师专业发展阶段的相关理论研究的序幕，是由美国学者弗兰西斯·福勒（Frances Fuller）提出的教师发展"四关注阶段理论"拉开的，发生于20世纪60年代末。四关注即"职前关注阶段""入职初期关注阶段""教学情境关注阶段""关注学生阶段"。后来越来越多的学者提出了自己的观点，见表2-1。

表2-1　部分学者关于教师专业发展阶段理论的论述

学者	理论名称	阶段划分
卡茨（Katz，1972）	教师阶段发展论	求生存时期、巩固时期、更新时期和成熟时期
伯登（Burden，1979）	教师生涯发展论	求生存阶段、调整阶段和成熟阶段

---

① 张兆芹，卢乃桂，彭新强. 学习型学校的创建：教师组织学习力新视角［M］. 北京：教育科学出版社，2011：43-45.

学者	理论名称	阶段划分
费斯勒（Fessler，1985）①	教师生涯循环论	职前教育阶段、引导阶段、能力建立阶段、热心和成长阶段、生涯挫折阶段、稳定和停滞阶段、生涯低落阶段和生涯退出阶段
伯利纳（Berliner，1988）	—	新手教师、熟练新手教师、胜任型教师、业务精干型教师和专家型教师
休伯曼（Huban，1993）	教师职业生命周期论	入职期、稳定期、实验和歧变期、重新估价期、瓶颈和关系疏远期、保守和抱怨期、退休期
斯特菲（Steffy，1989）②	教师阶段发展论	预备职业生涯阶段、专家职业生涯阶段、退缩职业生涯阶段、更新职业生涯阶段、退出职业生涯阶段
叶澜③	—	非关注、虚拟关注、生存关注、任务关注、自我更新关注
傅道春④	—	非关注、虚拟关注、生存关注、任务关注、学生关注

---

① 费斯勒，克里斯坦森. 教师职业生涯周期——教师专业发展指导［M］. 董丽敏，高耀明，译. 北京：中国轻工业出版社，2005：28-29.

② 张维仪. 教师教育：改革与发展热点问题透视［M］. 南京：南京师范大学出版社，2000：309-320.

③ 叶澜，等. 教师角色与教师发展新探［M］. 北京：教育科学出版社，2001：277-302，261-265.

④ 傅道春. 教师行为访谈（一）［M］. 哈尔滨：黑龙江教育出版社，1995：116-117.

上述学者虽然对教师专业发展阶段有不同的划分标准，但却有一个共识，即教师专业发展不是一成不变的，而是动态变化的，教师在不同的阶段有不同的发展特点与需求。另外，教师专业发展除了受自身因素影响外，同时受到环境因素、组织因素等影响。因此，教师专业化成长需要根据以上理论，认清当前所处的发展时期，尤其要抓住成长关键期，遵循成长规律，确定目标，制订合理的计划，开展活动。

三、自主学习理论

自主学习，又称为自我调节的学习。众多教育心理学学者对此研究始于20世纪50年代。后来维果斯基学派、操作主义、现象学派、社会认知学派、意志理论、信息加工心理学等都从不同角度探讨自主学习。90年代后，以下问题取得了重大进展：自主学习的实质、机制，自主学习与学习成绩的关系，自主学习能力的获得，等等。①

社会认知学派的齐默尔曼（Zimerman）提出一个系统的自主学习研究框架，深入地说明了自主学习的实质，见表2-2。

表2-2　自主学习的研究框架

科学的问题	心理维度	任务条件	自主的实质	自主过程
1.为什么学	动机	选择参与	内在的或自我激发的	自我目标、自我效能价值观、归因等
2.如何学	方法	选择方法	有计划的或自动化的	策略使用、放松等

① 庞维国. 90年代以来国外自主学习研究的若干进展［J］. 心理学动态，2000（4）：12-16.

科学的问题	心理维度	任务条件	自主的实质	自主过程
3.何时学	时间	控制时限	定时而有效	时间计划和管理
4.学什么	学习结果	控制学习结果	对学习结果的自我意识	自我监控、自我判断、行为控制、意志等
5.在哪里学	环境	控制物质环境	对物质环境的敏感和随机应变	选择、营造学习环境
6.与谁一起学	社会学	控制社会环境	对社会环境的敏感和随机应变	选择榜样，寻求帮助

从本质上讲，自主学习的动机应该是内在的或自我激发的，学习的方法是有计划的或经过练习已达到自动化的，学习的时间是定时而有效的，他们能够自我意识到学习的结果，并对学习过程做出自我监控，还能够主动营造有利于学习的物质环境和社会环境。

巴特勒（Butler）和温妮（Winne）为了阐释自主学习的内在机制，在社会认知学派的科诺（Corno）和曼迪纳契（Mandinach）的基础上提出了一个更为详尽的自主学习模型，见图2-1。

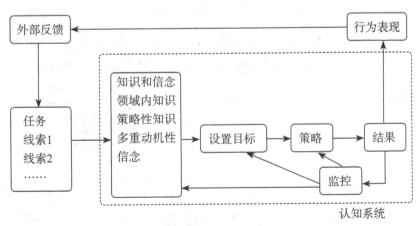

图2-1 巴特勒和温妮的自主学习模型

两位学者认为，自主学习者在面对学习任务时，先是利用已有的知识和信念来解释任务特征和要求，在此过程中，涉及的知识主要有四类，分别是知识和信念、领域内知识、策略性知识和多重动机性信念。在完成解释学习任务后，学生就要开始设置学习目标，接着就要依据学习目标选择和应用相应的学习策略——认知策略和意志策略，已加工学习任务，生成最终的学习结果。

内驱力是教师专业化成长的本质动力之源，自主学习成为一种重要的成长方式。教师应了解自主学习的实质与内在机制，并将外部学习技能内化成自身的能力。

四、社会交往理论

哈贝马斯（Habennas）是法兰克福学派第二代最重要的代表人物，在《交往行动理论》第一卷中，详细展开了他的关于行动与合理性的思想。社会交往是从动态角度分析社会现象的基本概念。他将行动类型分成四类：目的性行动、规范调节的行动、戏剧式行动和交往行动；将世界区分为三个不同的部分：客观世界（真实存在的客体）、社会世界（规范、价值总和）和主观世界（个人经历）。对应于这三个不同的世界，社会行为有效性的要求标准分别对应于真实性、正当性和真诚性。[①]哈贝马斯四种行动类型对比见表2-3。

---

① 哈贝马斯.交往行动理论（第一卷）［M］.洪佩郁，蔺青，译.重庆：重庆出版社，1994：120-121.

表2-3　哈贝马斯四种行动类型对比

行为种类	内涵	侧重点
目的性行动	目标取向的行动	客观的或外在的世界
规范调节的行动	群体受共同价值约束的行动	对应于社会世界
戏剧式行动	在他人面前有意识地表现自己的主观性行动	主观及外部世界
交往行动	行动者个人之间的以语言为媒介的互动	"从他们自己所解释的生活世界的视野"，"同时涉及客观世界、社会世界和主观世界中的事物，以研究共同的状况规定"

　　哈贝马斯认为这四种类型的行为中，只有交往行为是最为合理的。交往行为是一种主体之间通过符号相互协调的活动，遵循着一定的规范，以语言为主要媒介，通过对话，达到人与人之间的相互理解和一致；这种交往是非强制性的，并保持完整的主观性。[①]当交往行为发生时，行为者才同时涉及客观世界、社会世界和主观世界，才同时与真实性、正当性和真诚性相关联。

　　教师专业化成长除了自身的努力外，还受到环境因素的影响，其中同伴交往是其中的一种形式。教师处于和谐的集体中，建立一套规范准则，选择合适的语言，长期开展对话活动，达成共识。

五、学习共同体理论

　　1995年，波伊尔（Boyle）发表了《基础学校：一个学习化的社区大家庭》，提出了"学习的共同体"的概念。他认为，学校是一

---

① 姚纪纲. 交往的世界：当代交往理论探索［M］. 北京：人民出版社，2002：34-37.

个学习共同体，必须"有共同的愿景，能够彼此交流，人人平等，有规则纪律约束，相互关心照顾，气氛是快乐的"。①

学者薛焕玉通过分析总结："学习共同体主要是指一个由学习者与助学者（包括教师、专家、辅导者和家长等）共同构成的团体，在共同的目标下学习，分享学习资源，进行相互对话、交流和沟通，分享彼此的情感、体验和观念，共同完成一定的学习任务，通过共同活动形成相互影响、相互促进的人际联系。"②

学习共同体的构建是促进教师专业化发展的方式与动力。在此过程中，需要构建三维知识结构，以促进教师的专业发展，即专业基础知识、主体知识和前沿知识。而这些知识的获得须借助于个人与他人之间的和谐对话、互动合作。良好和谐的互动关系有利于调动教师自身的积极性、主动性和创造性，从而促进教师的专业发展。

---

① 波伊尔. 基础学校：一个学习化的社区大家庭［M］. 王晓平等译. 北京：人民教育出版社，1998：22–33.

② 薛焕玉. 对学习共同体理论与实践的初探［J］. 中国地质大学学报（社会科学版），2007（1）：1–10.

03 | 第三章
国内外研究现状分析

第一节　国内文献研究的分析

为严谨而科学地总结"教师专业化成长方式"的研究热点问题，本研究以Bicomb2.0软件和SPSS25软件为主要研究工具，采取基于文献计量的共词分析法、聚类分析法和多维尺度分析法对文献资料进行分析，并描绘知识图谱，文献的研究热点及发展趋势分析步骤图见图3-1。

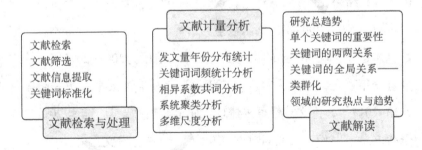

图3-1　文献的研究热点及发展趋势分析步骤图

一、文献检索与处理

（一）文献的检索与筛选

本次数据检索的时间为2018年4月22日，具体数据检索情况如下：以中国知网数据库为检索平台，以"教师专业化成长方式"为主题，搜索相关文献，时间为2003~2017年，检索到文献206篇，删除学术年会综述、人物专访、会议通知等，得到有效文献203篇。

（二）文献信息提取

运用Bicomb2.0软件对筛选出的目标文献分别以年份以及关键词为指标进行文献计量，导出以"教师专业化成长方式"为主题的文献时间分布情况及高频关键词统计结果。

为了使研究结果更加准确，对部分关键词进行标准化处理。

二、文献研究的文献计量分析

（一）发文量年份分布统计

对以"教师专业化成长方式"为主题的中文文献进行发文年度的统计，结果见图3-2。观察发现，发展过程大概分为三个阶段：第一阶段为2003~2007年，文献数量为29篇，尽管论文的数量不多，但是总体趋势表现为明显的快速上升；第二阶段为2008~2012年，论文数量逐年攀升，总量为74篇，属于第二个快速发展期；第三阶段是2013~2017年，论文数量虽未体现快速上升趋势，但仍年均20篇，属于高位发展，而论文总量达到了98篇，约占总发文量的50%，对这个阶段的论文进行人工查阅，可以发现本阶段的研究主题概况总体上是越来越具体，越来越精致，伴随而来的就是更难的研究突破和研究创新。

取上述数据做阶段性回归分析，结果显示见表3–1：MultipleR＝0.842、R Square＝0.708、Adjusted R Square＝0.686，方差分析中 Sig＝0.00008，在统计学意义上回归良好，验证了上述结论。

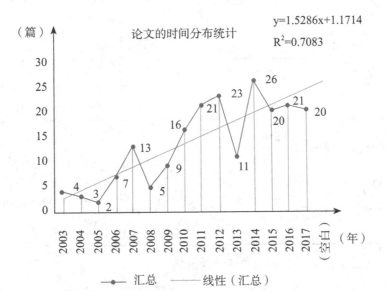

图3–2　我国"教师专业化成长方式"主题文献发文趋势图

表3–1　阶段性回归分析结果

SUMMARY OUTPUT	
回归统计	
Multiple R	0.841633
R Square	0.708346
Adjusted R Square	0.685911
标准误差	4.552019
观测值	15

中学教师专业化成长方式的实证研究——以深圳市坪山区为例

方差分析

	df	SS	MS	F	Significance F
回归分析	1	654.2286	654.2286	31.5734	8.35E-05
残差	13	269.3714	20.72088		
总计	14	923.6			

	Coefficients	标准误差	t Stat	P-value	Lower 95%	Upper 95%	下限 95.0%	上限 95.0%
Intercept	−3059.03	546.792	−5.5945	8.71E-05	−4240.3	−1877.76	−4240.3	−1877.76
X Variable 1	1.528571	0.272035	5.619021	8.35E-05	0.940875	2.116268	0.940875	2.116268

（二）高频关键词词频统计及分析

李文兰和杨祖国认为，"将一段时间内的某个学术研究领域里大量的文献中的关键词加以提取，形成集合，可以揭示一些内部规律——该学术研究领域的总体内容特征、研究内容间的本质联系、研究领域的发展历程与未来发展方向等。"[①]在文献统计结果中，若某个关键词出现的频次越高，就代表着与这个关键词相关的研究成果越多，且研究关注点越集中。该研究领域的这些少量关键词频次却很高，蕴含着领域内大量的知识与信息，成为研究者的搜索与研

① 李文兰，杨祖国.中国情报学期刊论文关键词词频分析［J］.情报科学，2005，23（1）：68-70，143.

究的重点，因此这些关键词被称为核心关键词。[①]

由于核心关键词的突出作用，研究者可以将某个研究领域中的所有文献关键词进行频次的高低排序，以此来确定这个研究领域的研究热点和未来发展方向，这种方法，我们称为词频分析法。[②]

利用Bicomb2.0软件提取、统计得到关键词909个，出现总频次为1442次，频次范围是1～112。为了减轻工作量并聚焦研究，需要确定高频关键词。首先，由于多个杂志间的文献关键词不一致，需要对其进行标准化，如"教师专业化发展""教师专业化成长""专业化发展""专业成长"统一为"专业化成长"，"专业化""队伍专业化"统一为"教师专业化"，"成长之路""成长策略""专业化成长途径"统一为"成长方式"，"校本研究""校本教研活动""校本研训""校本研修"统一为"校本培训"。其次，确定关键词的高频阈值。本研究检索到的文章中被引频次最高的是何洁的《中小学美术教师专业化成长的研究》[③]，被引频次为20次。由普莱斯公式可知，高频阈值$M=0.749 \times \sqrt{20} = 3.35$。[④]结合本研究的情况，选取了出现频率高于3的共44个关键词作为高频关键词，并对其进行排序，见表3-2。

---

① 安秀芬，黄晓鹏，张霞，等. 期刊工作文献计量学学术论文的关键词分析［J］. 中国科技期刊研究，2002，13（6）：505-506.

② 马费城，张勤. 国内外知识管理研究热点——基于词频的统计分析［J］. 情报学报，2006，25（2）：163-171.

③ 何洁. 中小学美术教师专业化成长的研究［D］. 上海：华东师范大学，2006.

④ 郭文斌，陈秋珠. 特殊教育研究热点知识图谱［J］. 华东师范大学学报（教育科学版），2012（3）：49-54.

表3-2 高频关键词词频表

序号	关键词	频次	序号	关键词	频次	序号	关键词	频次
1	专业化成长	112	13	专业引领	8	25	教学情境	6
2	教研方式	22	14	教育理念	8	26	同课异构	6
3	校本培训	19	15	园本教研	8	27	教学工作	5
4	新课程	18	16	信息技术	8	28	行为方式	5
5	课堂教学	16	17	评课	7	29	同伴互助	5
6	集体备课	14	18	教学研究	7	30	骨干教师培训	5
7	教师专业化	14	19	教育实践	6	31	教学质量	5
8	幼儿教师	11	20	学习方式	6	32	教师专业标准	4
9	新课程改革	10	21	教师专业水平	6	33	教学反思	4
10	教研员	10	22	青年教师	6	34	课堂观察	4
11	教学效果	9	23	教育改革	6	35	教育教学行为	4
12	成长方式	8	24	工作方式	6	36	备课组	4

序号	关键词	频次	序号	关键词	频次	序号	关键词	频次
37	教师专业能力	4	40	知识结构	4	43	研究氛围	4
38	网络教研	4	41	听课者	4	44	教师教学行为	4
39	策略	4	42	课例	4	合计		434

由表3-2可知，44个高频关键词共出现了434次，约占关键词呈现总频次的30.091%。其中，排在前10位的关键词，其频次均大于10，它们依次为专业化成长（112次）、教研方式（22次）、校本培训（19次）、新课程（19次）、课堂教学（16次）、集体备课（14次）、教师专业化（14次）、幼儿教师（11次）、新课程改革（10次）、教研员（10次），其余34个关键词出现频次均大于或等于4。这一结果初步说明，教师专业化成长方式多围绕新课程改革、教研方式、校本培训、课堂教学、集体备课等方面的主题，但仍需要进一步挖掘数据，才能揭示高频关键词之间背后的重要信息。

（三）高频关键词相异系数共词分析

运用Bicomb2.0软件对44个高频关键词进行共词分析，生成词篇矩阵（高频关键词在其他论文中出现为1，否则为0）。

将该矩阵导入SPSS25，选取Ochiai系数，将矩阵转化为一个44×44的共词相似矩阵。令相异矩阵=1-相似矩阵，得到相异矩阵。[①]相异矩阵中的数值范围为0~1，值越大，表明关键词间的距离越远，相似度越小。部分相异系数矩阵结果见表3-3。

表3-3　高频关键词Ochiai系数相异矩阵（部分）

关键词	专业化成长	教研方式	校本培训	新课程	课堂教学	集体备课	教师专业化
专业化成长	0	0.637	0.800	0.733	0.693	0.773	0.924
教研方式	0.637	0	0.849	0.799	0.787	0.886	1
校本培训	0.800	0.849	0	0.833	1	0.874	0.937
新课程	0.733	0.799	0.833	0	0.823	0.874	1
课堂教学	0.693	0.787	1	0.823	0	0.800	1
集体备课	0.773	0.886	0.874	0.874	0.800	0	1
教师专业化	0.924	1	0.937	1	1	1	0

从表3-3中可以看出，各个关键词距离专业化成长由近及远的顺序依次为教研方式（0.637）、课堂教学（0.693）、新课程（0.733）、集体备课（0.773）、校本培训（0.800）、教师专业化（0.924）。这表明在相关文献中，成果更多地将"专业化成长"与

---

① 迟景明，吴琳. 近十年我国高等教育学科研究热点和趋势——基于研究生学位论文的共词聚类分析［J］. 中国高教研究，2011（9）：20-24.

"教研方式"和"课堂教学"结合起来论述。而"教师专业化"与其他四种关键词的结合论述则相对较少。对表中的系数大小进行认真分析可知，"教研方式"和"专业化成长""课堂教学"距离最接近，常常一起呈现；"新课程"和"集体备课""校本培训"较多的一起呈现。因此可初步说明，在业已发表的关于专业化成长的研究文献中，经常讨论在课堂教学中，如何通过教研方式促进教师专业化成长，以及如何在新课程改革中，通过集体备课和校本培训寻求专业化成长之路。

（四）高频关键词系统聚类分析

聚类分析是依据一定的分类标准，将不同的观察对象加以分类，在同类别内的观察对象，它们的相似度越高越好；那么在不同类别内的观察对象，它们的相异度则是越高越好。[①]高频关键词的聚类分析是通过统计方法对已经发表文献的高频关键词组的相似性与相异性分析，探析它们之间的远近关系，挖掘隐藏在它们背后的本质信息。进行聚类分析时，先以最有影响的关键词生成聚类，再由聚类中的种子关键词及相邻的关键词重组一个新的聚类。关键词越相似，它们的距离越近。将上述44个高频关键词构成的44×44的相似系数矩阵，导入SPSS25进行聚类分析，结果见图3-3。

---

① 陈正昌，程炳林，陈新丰，等. 多变量分析方法：统计软件应用［M］. 北京：中国税务出版社，2005：241-299.

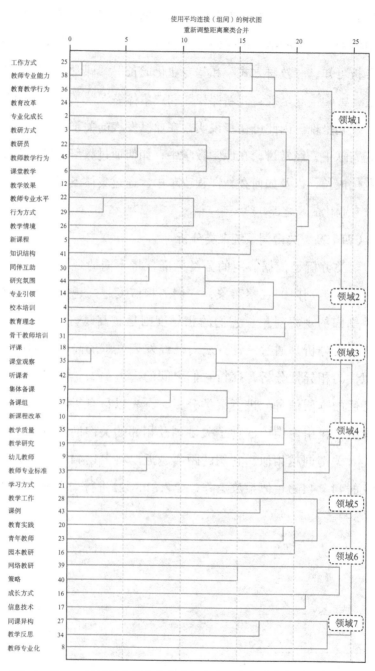

图3-3　2003—2017年教师专业化成长方式研究领域高频关键词聚类图

从图3-3中可以直观地看出2003—2017年教师专业化成长方式研究领域高频关键词被分为7个领域，它们的具体分布结果见表3-4。

表3-4　高频关键词聚类分布结果

聚类	高频关键词分布	关键词
领域1	小类1	工作方式、教师专业能力、教育教学行为、教育改革
	小类2	专业化成长、教研方式、教研员、教师教学行为、课堂教学、教学效果
	小类3	教师专业水平、行为方式、教学情境、新课程、知识结构
领域2	小类1	同伴互助、研究氛围、专业引领、校本培训、教育理念、骨干教师培训
领域3	小类1	评课、课堂观察、听课者
领域4	小类1	集体备课、备课组、新课程改革、教学质量、教学研究
	小类2	幼儿教师、教师专业标准、学习方式
领域5	小类1	教学工作、课例、教育实践、青年教师、园本教研
领域6	小类1	网络教研、策略、成长方式、信息技术
领域7	小类1	同课异构、教学反思、教师专业化

领域1为教育教学行为促进教师专业化成长的研究，共分为三小类。

小类1侧重教育改革中教师工作方式、专业能力和教育教学行为等促进专业化成长的研究，包括4个关键词：工作方式、教师专业能力、教育教学行为、教育改革。伴随教育改革的深入与教育观念的转变，教师专业化成长是一个重要的发展方向，课程实施对教师的综合素质提出更高的要求——责任感、求知欲、扎实的学科知识、合理的工作方式、更强的教师专业能力，教师要从一般的道德要求走向专业精神发展，专业知识和专业能力从"单一型"向"复合型"发展，教育教学行为从"教书匠"向"创造者"发展。[①]

小类2侧重教师课堂教学行为等教研方式促进专业化成长的研究，包括6个关键词：专业化成长、教研方式、教研员、教师教学行为、课堂教学、教学效果。课堂是教师立足之本，是增强教学效果的关键，是教师成长的必由之路[②]，在众多影响教师专业成长的因素中，最直接、最主要的因素是课堂教学的结构及经历，它也是教师工作中最重要的一种工作方式。教师所持有的教育理念、拥有的学科教学知识、习得的教育教学技能唯有通过实践才能进一步内化，从而产生更大的教育意义。[③]教研员作为"教师的教师"，要适应课程改革的新形势，创新工作的理念与方式，不断发现并帮助教师解决教育教学中的问题，做新课程的研究者、创新教学的催生者、教师专业发展的促进者、服务教学的勤务员。[④]通过"主题研究跟进式"[⑤]、集体备课、"一课三研，连环实践反思"[⑥]、"教师实践

---

① 李国. 新课程标准背景下的教师专业化发展浅议［J］. 课程教育研究，2015（23）：189.

② 金琳琴. "一课三研"促进园本教研的实效性［J］. 新课程学习（上），2014（5）：14.

③ 康莲枝. 创建有利于教师专业成长的支持性课堂［J］. 内蒙古教育，2012（13）：29-30.

④ 刘春利. 教研员在新课程改革中的角色［J］. 新课程研究（教师教育），2007（12）：10-11.

⑤ 刘红梅. 基于"主题研究跟进式"教研方式的实践与思考［J］. 化学教育，2010，31（1）：49-51.

⑥ 张爱华，张晓华. 以课例为载体，推进教学研究——小班集体活动"小乌龟看爷爷"一课多研的尝试［J］. 早期教育（教师版），2011（4）：38-40.

共同体式教研"、①信息化、同课异构、"订单式竞研"②等教研方式，促进教师专业化成长。

小类3侧重教师的知识结构和行为方式的研究，包括5个关键词：教师专业水平、行为方式、教学情境、新课程、知识结构。新课程背景下的课堂教学中，常有无法预设的教学情境，需要进行教与学方式的改变，而知识结构是提升教师专业水平的前提条件，它是动态的、均衡扎实的、合理的结构，包括过硬的专业知识、教育实践经验和工具知识（如外语知识、现代教育技术、科学研究必备的知识）。③教师掌握的教育知识和技能不再是以知识形态传授，而是以行为方式来呈现。④

领域2为基于学习共同体的校本培训相关研究，包括6个关键词：同伴互助、研究氛围、专业引领、校本培训、教育理念、骨干教师培训。校本培训是根据学校自身条件，挖掘内部资源，以学校为主阵地，依托校内外力量，解决教师专业化发展的瓶颈或障碍，促进教师专业发展的培训方式。⑤然而，传统的培训模式已远远不能满足当今教师发展的需要。强调同伴互助、研究氛围的"学习共同体"骨干教师培训应运而生，它发挥着一个学习型组织的整体功效，充分调动教师的集体参与和个人反思的积极性，让他们善于运

---

① 李莉. 实践共同体式教研引领专业化成长［J］. 华人时刊（校长），2012（3）：35.

② 邬翠平. "订单式竞研"：催生教研模式新变化［J］. 教育研究与评论（小学教育教学），2017（7）：35–38.

③ 周向丽. 对案例教学中语文教师专业化的理性思考［J］. 陕西教育（教学版），2013（6）：15.

④ 黄登平. 教师成长的高效平台［J］. 基础教育参考，2010（12）：54.

⑤ 胡宏伟. 多途径校本培训促教师专业成长［J］. 教师，2007（10）：34–35.

用较新的教育理念来审视自身教育行为，最终达到个体的专业引领与群体的专业素质提升。①

领域3为基于课堂观察的听评课研究，包含3个关键词：评课、课堂观察、听课者。课堂观察是一种行为系统，通过定量数据的对比分析，能让授课教师明确问题所在，听课者对课堂的教学方式进行评课，并有针对性地提出改变教学策略的建议。②为使听评课活动更为有效，李安成提出"项群为合作体"听评课，即聚集不同能力、水平、特征的教师，根据各自特长成立不同的团队，并保持合作意愿，发挥团队力量共同完成听评课，团队成员有各自的观察项目目标。③丁前兰指出，在"PCK"（指的是"学科教学知识"）理论的指导下，校本研修的指向性、实践性会更强，"课堂观察"这一方式，贯穿"观察—修改—转化—反思"全过程，以案例研究等方式提升教师"PCK"水平，最终促进教师专业化成长。④

领域4为集体备课，这一学习方式促进专业化成长研究，共分为两小类。

小类1侧重新课程改革中以集体备课形式提升教学质量研究，包括5个关键词：集体备课、备课组、新课程改革、教学质量、教学研

---

① 李莉. 实践共同体式教研引领专业化成长［J］. 华人时刊（校长），2012（3）：35.

② 李宪芳. "问题对话式"课堂促进教师行为改进［J］. 北京教育（普教版），2015（12）：42.

③ 李安成. "项群合作体"在听评课中的运用［J］. 中国学校体育，2014（4）：75–76.

④ 丁前兰. 从"言而不明"到"言之有物"——基于"课堂观察"的教师PCK成长案例［J］. 小学教学研究，2017（13）：27–28.

究。新课程改革倡导自主、合作、探究的学习方式[①]，备课组是教师教学水平提升与发展的共同体[②]，是教学研究的主阵地、教师专业化成长的孵化器[③]，集体备课是教师个体思维的碰撞，是情感与情感的沟通[④]，将个人智慧转化为集体智慧，共同提高教育教学质量，实现集体教育教学效益的最大化[⑤]，为教师提供了合作、交流、教学研究的平台，是教师专业化成长的有效途径。[⑥]

小类2侧重教师专业标准与学习方式研究，包括3个关键词：幼儿教师、教师专业标准、学习方式。20世纪80年代以来，随着教师专业化运动的兴起，英国开始推行了以"学习型组织"为理论依据的名师教育模式。美国麻省理工学院彼得·圣吉认为，教师在团体中成长的速度比其他学习方式要快得多。[⑦]教育部于2012年发布的《幼儿园教师专业标准（试行）》《小学教师专业标准（试行）》和《中学教师专业标准（试行）》，对促进我国幼儿园、中小学教师职业专业化具有极其重大的意义。其内容框架均包含了以下三个

---

① 权淑兰.集体备课是教师专业化成长的必由之路［J］.宁夏教育，2007（12）：20.

② 张平."互联网＋集体备课"教研方式的实践与创新［J］.甘肃教育，2017（2）：72.

③ 刘水平.磨合·整合·合力——浅谈学校教研组"三合"建设［J］.江西教育，2011（8）：28.

④ 黄登平.教师成长的高效平台［J］.基础教育参考，2010（12）：54.

⑤ 许凤霞."一备一例两研两调整"集体备课模式初探［J］.新课程（小学），2016（5）：93.

⑥ 常荣，李树国.告别"闭门造车""单打独斗"的备课方式［J］.教书育人，2010（7）：53-54.

⑦ 陆海生，杨贤栋.名师工作室平台上乡村英语教师专业化成长的策略研究［J］.疯狂英语（教学版），2017（6）：160-162.

维度：专业理念与师德、专业知识、专业能力。[①]因此，教师队伍的建设要适应形势，遵循新的教师专业标准，重新审视教师的角色定位。[②]另外，教师专业化成长要转变培训方式，用发展的思想、开放的氛围、开放的学习方式来培养高素质的教师，在参与中成长。[③]

领域5为教育教学实践工作促进专业化成长研究，包括5个关键词：教学工作、课例、教育实践、青年教师、园本教研。青年教师作为学校可塑性最强的一支中坚力量，常以问题为驱动，以课例为载体进行专项教学工作研究，实现从教育理论到教育实践的过渡，促进教师专业化成长。在此类研究中，幼儿园的园本教研占了较大的比重。

领域6为网络信息化促进专业化成长策略研究，包括4个关键词：网络教研、策略、成长方式、信息技术。随着信息技术的快速发展，校本培训有了更多的选择，如网络教研就是利用现代教育技术进行教学研究，促进教师专业化成长，鼓励教师成为反思型、研究型教师的平台。[④]它能有效地拉近教师之间的交流距离，提高培训的实效，[⑤]是当前较为成熟与可行的一种策略。

领域7为教师自身行为促进专业化成长研究，包括3个关键词：

① 李高峰.中国与IBSTPI"教师标准"的比较——评析我国三个教师专业标准（试行）［J］.教师教育研究，2012，24（3）：31-35.
② 董超纲.以教师队伍建设促进学校可持续发展［J］.湖北教育（教育教学），2013（4）：13-14.
③ 胡亚丽.多渠道促进教师专业化成长［J］.教育实践与研究（C），2016（4）：28-29.
④ 吕秋云.利用博客研究促进教师专业化成长［J］.吉林教育，2016（28）：55-56.
⑤ 丁利培.网络教研下如何促进教师专业成长［J］.中小学电教（下半月），2015（3）：8-9.

同课异构、教学反思、教师专业化。"同课异构"作为新课改中探索出来的一种校本教研模式，可以使教师在教学互动中比较、反思、提高，还能帮助教师更深入地理解教材，提升自身的教育教学水平，对促进教师专业化成长具有不可替代的作用。[①]

（五）高频关键词多维尺度分析——知识图谱的绘制

为进一步挖掘关键词之间的内涵，将先前得到的相似矩阵转换为相异矩阵后，消除了原有过多的误差影响，利用SPSS25对44个关键词进行多维尺度分析（ALSCAL），标准化方法选择Z分数。结合前面的聚类分析图和多维尺度分析图，绘制出"教师专业化成长方式"热点知识图谱，见图3-4。

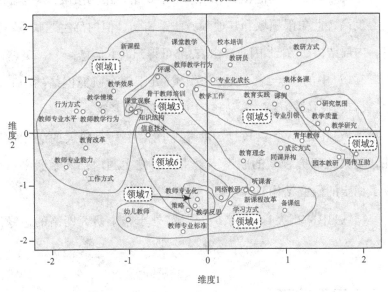

图3-4 "教师专业化成长方式"热点知识图谱

---

① 所桂宏.让教师在同课异构中成长［J］.时代教育，2012（14）：118.

上述为战略坐标，经由多维尺度分析绘制而成，可以概括地表现一个领域或亚领域的结构。其中横坐标表示向心度、领域间相互影响的强度，纵坐标表示密度、某一领域内部联系强度。战略坐标中，将高频关键词的位置用一个个小圈圈代替，它们之间的距离越远，表明关系越疏远；反之，则关系越紧密。战略坐标的中心点意义为：影响力最大。[①]

战略坐标划分为四个象限，第一象限是整个研究的核心，密度和向心度都较高，此象限领域和其他领域联系密切，且内部各主题联系紧密；第二象限，密度高，向心度低，此象限领域内部联系紧密，但和其他领域的联系不紧密；第三象限是整个研究的边缘位置，密度和向心度都较低，此象限领域内部各主题联系不紧密，内部结构松散，和其他领域的联系也不紧密；第四象限，密度低，向心度高，此象限领域和其他领域联系密切，但内部主题联系不紧密，内部结构松散。[②]因此，由表3-5可得到以下信息：

领域1中的小类2、领域2和领域5处于整个研究网络的中心地位，与其他领域联系密切，研究主题内部联系紧密。

领域1中的小类3和领域3在整个网络中具有较大的潜在重要性，与其他研究领域的联系不紧密，研究主题内部联系紧密，形成了稳定的研究结构。

领域1中的小类1、领域6和领域7处于整个研究网络的边缘位

① 冯璐，冷伏海. 共词分析方法理论进展［J］. 中国图书馆学报，2006，32（2）：88-92.

② 张晗，崔雷. 生物信息学的共词分析研究［J］. 情报学报，2003，22（5）：613-617.

置，与其他研究领域联系不紧密，研究主题内部结构松散。

领域4中的两小类和其他研究领域联系密切；内部各研究主题联系不紧密，研究主题内部结构松散。

表3-5 各研究领域的主要分布象限和研究地位

聚类	研究主题		主要分布象限	向心度（横轴）	密度（纵轴）	说明
领域1	教育教学行为促进教师专业化成长的研究	小类1	侧重教育改革中教师工作方式、专业能力和教育教学行为等促进专业化成长的研究	三	小	小	处于整个研究边缘位置，与其他领域联系不紧密，主题内部结构松散
		小类2	侧重教师课堂教学行为等教研方式促进专业化成长的研究	一	大	大	处于整个研究的中心地位，与其他领域联系密切，内部联系紧密
		小类3	侧重教师的知识结构和行为方式的研究	二	小	大	在整个网络中具有较大的潜在重要性；与其他领域的联系不紧密；内部联系紧密，形成了稳定的研究结构

聚类		研究主题		主要分布象限	向心度（横轴）	密度（纵轴）	说明
领域2	小类1	基于学习共同体的校本培训相关研究		一	大	大	处于整个网络的中心地位，与其他领域联系密切，主题内部联系紧密
领域3	小类1	基于课堂观察的听评课研究		二	小	大	在整个网络中具有较大的潜在重要性；与其他领域的联系不紧密；主题内部联系紧密，形成了稳定的研究结构
领域4	小类1	集体备课这一学习方式促进专业化成长研究	新课程改革中以集体备课形式提升教学质量研究	四	大	小	和其他领域联系密切，内部各主题联系不紧密，主题内部结构松散
	小类2		教师专业标准与学习方式研究	四	大	小	和其他领域联系密切，内部各主题联系不紧密，主题内部结构松散
领域5	小类1	教育教学实践工作促进专业化成长研究		一	大	大	处于整个网络的中心地位，与其他领域联系密切，主题内部联系紧密

聚类		研究主题	主要分布象限	向心度（横轴）	密度（纵轴）	说明
领域6	小类1	网络信息化促进专业化成长策略研究	三	小	小	处于整个网络的边缘位置，与其他领域联系不紧密，主题内部结构松散
领域7	小类1	教师自身行为促进专业化成长研究	三	小	小	处于整个网络的边缘位置，与其他领域联系不紧密，主题内部结构松散

综上所述，目前的研究集中在基于学习共同体的校本培训、课堂教学行为、教育教学实践工作等促进教师专业化成长的研究，倾向于实践研究，都是目前中小学研究的重点所在。而作为本研究的重要关键词"成长方式"却落在第四象限，这说明其与其他领域联系很大，但是内部结构不紧密，需要加强研究。将当前处于中心的学习共同体、教学实践与研究边缘的"成长方式"有机结合研究，正是本研究的重要价值所在。

第二节　国外文献研究的分析

国外在教师专业化成长方式方面的研究积累了丰富的文献。以下从三个方面进行梳理。

一、教师发展范式的研究

20世纪50年代，美国通过训练指导模式（training-and-coaching model）将教师训练成技术员。后来，随着认知科学的发展，社会要求教师不能只是技术员，还要成为专家，教师教育由训练模式走向开发模式，注重教师潜能开发，促进教师职前培养和职后进修一体化。英国在80年代末开始出现了"以学校为基地"的办学模式，开拓了英国教师教育新途径。

八九十年代，欧美国家在教师专业发展的模式上不断生成与丰富，如在美国霍姆斯小组报告影响下出现的专业发展学校（PDS），英国以校为本的教师教育模式（school-based education）

出现了大学与中小学之间的联合培养。①同时，教师成长的主体性与内容性也发生了变化，如斯帕克斯（Sparks）和海尔什语（Hirsh）认为："教师发展的范式两点关键变化：一是教师从被动的受培训者到主动的学习者，在专业发展项目和教学实践中促进专业发展；二是关注点发生改变，这种改变体现在单一性转变为多维性，从补足式到创设发展的条件，从而成为孕育教师发展的土壤。"②

二、教师专业发展趋势的研究

经济合作与发展组织成员国的教师专业发展的经验及趋势主要体现在：主体从政府向教师偏移，内容从知识向能力、态度的偏移，模式从"自上而下"式向"自下而上""横贯底部"式偏移，评价机制从评定教师向促进教师发展偏移。③

另有研究认为，教师专业发展的新取向：从实体思维到实践思维，即由关注所掌握的客观知识本身过渡为关注教师的实践过程。

三、"过程"模式的研究

美国雪城大学的塔勒里科（Tallerico）指出教师专业发展主要涉及"内容""过程""环境"三部分，包含了五种"过程"模式

---

① 蒋茵. 国外教师专业发展的新范式及其对中国的启示［J］. 全球教育展望，2005，34（9）：24-27.
② 卢乃桂，操太圣. 中国教师的专业发展与变迁［M］. 北京：教育科学出版社，2009：88.
③ 陈汉珍，鞠玉翠. 国外教师专业发展趋势探析及启示［J］. 世界教育信息，2007（6）：29-32，94.

（个人自我指导、写作解决问题、听课与教学评价、培训、行动研究），最后提出了选择教师专业发展模式的三种策略：教师取向策略、结果取向策略、双重取向策略。

学者们尝试通过其中一些具体的"过程"模式促进教师专业成长。例如，大卫·长洛尔（David Carroll）进行了互动式谈话与专业学习关系研究，即一个为期一年的教师研究小组的协作式专业学习研究，它关联一个大型的大学教师教育计划，并引入了一个理论框架来考虑交互式谈话的性质及其与专业学习的关系，最终表明了通过互动式谈话进行学习，对教师有效学习产生了积极影响。再如，合作学习作为教师学习的一个重要途径，也是教师专业成长的一种有效方式。自从彼得·圣吉提出了"学习型组织"概念后，霍德（Honde）首次明确提出"专业学习共同体"。黛伯拉（Deborah）等探讨教师在学习共同体学习过程中的合作探究策略，建构了教师合作探究论和多元的探究层。另有文献提出教师专业学习共同体运行形式包括新课程研发、追踪个案状况、同伴省思对话、共同备课、教学过程分析、分析试卷与学生作业、主题经验分享、专题讲座、新教师辅导、行动研究等。

同时，指导对于教师专业成长有着重要作用，这使指导者能够根据不同问题、不同情境，对不同教师进行有效指导。例如，克拉克（Clarke）以案例研究的方式，分别采用行动研究、教育学和活动理论等作为对四位职前教师成长的指导途径，并建构了不同理论视角下教师指导的不同方式。

第三节　文献评析

综合前文所述，从文献中得到以下四点启示。

一、初始量表维度的确定

根据前文的研究，教师专业化成长方式可概括为三大层面和六大维度：自身成长（学习反思、教学应用），学习（他人）成长（观摩实践、自我增值），协同成长（合作文化、团队学习）。

（一）学习反思

自身成长强调个人学习的内驱力，即一种奋发向上的决心。教师在教学研究、评课、教学反思等教学行为中，无时无刻不渗透着学习反思。学习反思有助于个人知识的总结与升华，从量变过渡到质变。

（二）教学应用

自身成长也强调教学应用。身体力行，学以致用，教师经过学习反思后，会积累经验、吸取教训、总结经验，将其在课堂教学中应用，在教育实践中创新。

（三）观摩实践

学习（他人）成长是在自身成长基础上的进阶，成长离不开自身，也离不开榜样。观摩实践是一种很好的成长方式，尤其是在同课异构与课堂观察中的关注与学习，学习他人的优势。

（四）自我增值

学习（他人）成长的另一个维度是自我增值。教师通过师徒结对、校本培训、网络教研等活动，快速成长，提高自身的价值。

（五）合作文化

协同成长是成长方式逻辑层面上最高的一个层次。合作文化强调的是一种环境，包括营造研究氛围，鼓励同伴互助，打造一种对教师成长来说"宜居"的文化。

（六）团队学习

协同成长的另一个维度是团队学习。有了"宜居"的文化，教师的成长不再是单枪匹马，而是具有班集体式的团队成长。学校层面在学习共同体的打造与集体备课的实施上的力度，决定了教师成长的速度与效果。

虽然教师专业化成长方式的六个维度特征是不同的，但是它们是相关的。学习反思也未必只是强调自己埋头苦干，也存在于从学习他人的优点、点评他人的缺点中进行反思；自我增值也未必只是学习他人，也可以是自我学习。教学应用和观摩实践也在"应用"与"实践"上有共同之处。前四个维度侧重于个人的主观能动性方面，后两个维度则侧重于学校这一组织的行为。这是初始量表的编制依据。

二、当前研究重理论或实践，轻理论与实践相结合

文献数据表明，当前研究更多的是对教师专业化的理论展开丰富的论述，或是通过最常规化、日常化的校本培训或教育教学实践工作促进教师专业化成长，缺少在系统理论指导下的有效实践。例如，蓬勃开展的"名师工作室""教科研专家工作室"等形式，虽在很大程度上凸显了名师效应，也带动了一批骨干教师的成长，但更多的是以单一的实践技能、单一的理论指导等形式进行的。也有中小学与大学尝试开展了一些联合的实践研究，但合作形式较多是高校在中小学设置课题组实践基地、高校承担政府项目的中小学教师批量式培训等，未能很好探索基于需求的教师专业化成长的培养研究。

三、特定区域的个性化研究不足

关于教师专业化成长方式方面的实践研究几乎都是一刀切的形式，即不区分学校的区域、等级、师资水平，都统一采取相同的模式进行，如"以老带新""名师工程"等，而对某一特定区域的中学教师的研究比较欠缺，个性化研究不够突出。比如，如何结合城市新兴区域的实情，考虑区域的师资水平、办学水平等，探索出一些行之有效的教师专业化成长方式。

四、 教师专业化成长的校内外资源整合力度不够

前文所提及的教师发展范式的关键变化是教师作为主动的学习者，学校要为教师创设发展的时空条件和资源。目前，除了教师的自我成长外，几乎每所学校都着手建设"师徒结对""青蓝工

程""以老带新""名师工作室"等名师工程，以创造教师专业化成长条件，如何充分借助"外力"，对接本校的名师工程以构建立体式的、有梯度的教师培养体系，探索基于整合校内外资源的教师专业化成长的有效培养模式，是值得研究的问题。

04

第四章

量表的预试和正式量表的
生成研究

第一节　量表的编制与发展

一、量表的编制

对国内外已有文献及研究进行梳理，结合相关理论基础以及已有相关量表建构中学教师专业化成长方式量表，见图4-1。学校脉络特征的指标内涵包括学校的性质、学校的类型、学校的历史和教师的特征（性别、年龄、教龄、职务、学历、职称、学科和名师类别等），见表4-1。初步的量表包含六个维度：学习反思、教学应用、观摩实践、自我增值、合作文化、团队学习，每个维度下各有操作性条目，共36条，教师专业化成长方式变量指标内涵和题数见表4-2，教师专业化成长方式变量量表（初步）见表4-3。量表采用李克特五点式量表，以1～5分来表示很不符合、不太符合、一般性符合、比较符合、非常符合，由被试者进行选答。

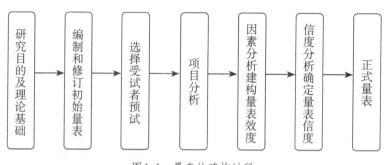

图4-1　量表的建构过程

表4-1　学校脉络特征的指标内涵

指标	内涵
学校	包括公民办初中、九年一贯制初中部、完全中学共18所
建校历史	建校时间的长短
性别	男、女
年龄	实际年龄
教龄	实际从教年限
职务	校长（含书记）、副校长（含专职副书记）、中层干部（含团委、大队辅导员等）、科组长、备课组组长、班主任、普通教师
学历	研究生、本科、大专、中专
职称	正高级、高级、一级、二级
学科	中学阶段所有开设的科目
名师类别	国家级、省级、市级、区级、校级

表4-2　教师专业化成长方式变量指标内涵和题数

指标	指标内涵	题数
学习反思	教师在教学研究、评课、教学反思中的行为贯彻程度	6
教学应用	教师学习后，在课堂教学中的应用程度，在教育实践中的创新程度	6
观摩实践	在同课异构与课堂观察中的关注与学习程度	6

指标	指标内涵	题数
自我增值	学校在教师成长中的培养力度，教师个人自身的努力增值程度	6
合作文化	学校对研究氛围的营造与同伴互助的鼓励程度	6
团队学习	学校对集体备课的实施与学习共同体的打造力度	6

表4-3　教师专业化成长方式变量量表（初步）

维度	二级指标	题号	编号	操作性条目
学习反思	教学研究	Q01	JY1	我一般只对教材进行教学研究，较少借助教辅、教学参考书、课程标准
		Q07	JY2	我会关注与教育相关的微博、公众号等进行教学研究
	评课	Q13	PK1	我能在听课后对授课教师的课堂优缺点进行点评
		Q19	PK2	我认为评课对教师的成长很有帮助
	教学反思	Q25	JF1	我能经常对自己的教学进行反思，并形成文字
		Q31	JF2	我能对教学上出现的问题进行研究
教学应用	教育实践	Q02	JS1	我能在教育理论指导下进行教学实践
		Q08	JS2	我能在课堂上运用包含"合作学习"在内的其他模式或方式
		Q14	JS3	我认为教育创新实践能促进教师的专业化成长
	课堂教学	Q20	KJ1	我能将别人的教学技巧应用于自己的课堂中
		Q26	KJ2	我认为多媒体信息技术能改善课堂教学
		Q32	KJ3	我能与学生在课堂上有效地互动，并根据学生反应及时调整课堂教学方法

中学教师专业化成长方式的实证研究——以深圳市坪山区为例

维度	二级指标	题号	编号	操作性条目
观摩实践	同课异构	Q03	TY1	我校经常举行同课异构研讨活动
		Q09	TY2	我乐于作为授课者参加同课异构研讨活动
		Q15	TY3	我认为同课异构研讨活动能促进教师的专业化成长
	课堂观察	Q21	KG1	我善于从听课的课堂观察中学习他人优点
		Q27	KG2	我校经常举行研讨课、教学比赛
		Q33	KG3	我认为课堂观察能让我更容易学习他人优点
自我增值	师徒结对	Q04	SJ1	我校能为青年教师提供平台进行师徒结对
		Q10	SJ2	我乐于跟随名师进行专业上的学习
	校本培训	Q16	XP1	我校能定期举行校本培训（包含面向部分教师）
		Q22	XP2	我能从校本培训中学到对教学有用的内容
	网络教研	Q28	WJ1	我经常自主观看网络优质课或微课
		Q34	WJ2	我喜欢在网络上发布与教育相关的看法
合作文化	研究氛围	Q05	YF1	我校（含全校、科组和备课组层面）经常举办教学研讨反思会或经验分享会
		Q11	YF2	我校教师间能非正式地分享想法和资料
		Q17	YF3	我愿意在小团队中分享自己的想法和资料
	同伴互助	Q23	TH1	我校教师之间因为竞争，彼此留一手（反向题）
		Q29	TH2	我校教师之间有相互尊重和信任的专业对话
		Q35	TH3	我校通过各种方式鼓励小组和团队学习

维度	二级指标	题号	编号	操作性条目
团队学习	集体备课	Q06	JB1	我校定期召开备课组研讨会
		Q12	JB2	我积极参加集体备课，分享自己的备课心得
		Q18	JB3	我认为集体备课更能打开思路
	学习共同体	Q24	XG1	我校积极开展学校之间的合作与学习
		Q30	XG2	学校聘请高校教授团队或专家团队培训本校教师，有助于教师的快速成长
		Q36	XG3	我认为教师间形成学习共同体，更能相互促进

二、量表的发展

为了使编制的量表能够科学、有效地对研究对象进行测量评估，要对量表进行预试，并进行预试问卷项目分析、信度检验、效度检验，以作为编制正式问卷的依据。

（一）预试问卷概况

通过调查问卷的形式对量表进行预试，本次预试发放197份问卷，回收197份，对回收的问卷进行检查，剔除无效问卷11份，得到有效问卷186份。

（二）项目分析

项目分析的主要目的在于通过反向计分、求题项总分、进行高低分组（27%）、独立样本T检验求出个别题项的决断值——临界比（检验高分组和低分组在每个题项上的差异）、求题项与总分的相关度等操作，检验编制的量表或测验个别题项的适切或可靠程度。其中T检验的结果达到显著，表示预试问卷的题项具有鉴别度，能有效鉴别出被试者的不同反应程度，同时将未达到显著水准的题项删除（2题）。

（三）同质性检验——效度检验

为检验量表的建构效度，应进行因素分析。其目的在于寻找量表潜在的结构，减少题项数目，使之变成一组较少但相关较大的变量，这是一种探索性的因素分析方法。在提取共同因素时，常采用主成分分析法。预试量表与指标的对比见表4-4：

表4-4 预试量表与指标的对比

指标	依据	现状	操作
样本数	题项与受试者的比例最好为1:5	题项36项，受试者197人（有效186人）	——
取样适切性系数（KMO）	KMO值达到0.90以上，极适合进行因素分析	KMO值为0.906	——
解析总变异量	达到60%以上为可靠	解析总变异量为63.604%	
因素负荷值	样本达到150时，选取标准值为0.45	本研究提高因素负荷值的标准到0.5，有6项题项低于该值	删除6项题项
共同因素中的题项	共同因素包含的题项变量至少大于3项，且所要测量的潜在特质类似，可命名	有两个共同因素，分别只包含两项题项	删除4项题项

因素分析的可靠性与样本数有密切关系，学者戈萨奇（Gorsuch）提出，题项与受试者的比例最好为1:5。本预试问卷题项为36项，受试者为197人（有效为186人），符合要求。

取样适切性系数（Kaiser-Meyer-Olkin measure of sampling adequacy，KMO）用来判断题项间是否适合进行因素分析。凯撒（Kaiser）认为，KMO统计量值达到0.90以上，极适合进行因素分析。本研究中的KMO统计量值达到0.906，表明极适合进行因素分析。此外，巴特利特的（Bartlett's）球形度的近似卡方值是3814.267（自由度为630），达到非常显著水平，代表总体的相关矩阵间有共同因素存在，适合进行因素分析，见表4-5。

表4-5 预试问卷KMO和巴特利特检验

KMO取样适切性量数		.906
巴特利特球形度检验	近似卡方	3814.267
	自由度	630
	显著性	.000

第一次因素分析结果显示，用最大方法差（Varimax）直交转轴后7个共同因素的特征值分别是：13.058，2.605，1.813，1.747，1.483，1.127，1.066；解析总变异量为63.604%。根据学者哈利（Hari）等人的观点，在社会科学领域中，因为精确度比不上自然科学，故提取的共同因素累积解析变异量能达到60%以上的表示可靠，50%以上的可以接受。转轴后个别共同因素的特征值会改变，但所有共同因素的总特征值不变，被所有共同因素解释的总变异量不变（特征值总和不变）。转轴法使得因素负荷量易于解释，大部分的题项在每个共同因素中有一个差异较大的因素负荷量。

至于因素负荷量值要多大才能将题项变量纳入共同因素，学者哈利等人认为要同时到因素分析时的样本大小，样本越少，因素负荷量的选取标准越高。学者陈顺宇认为，当样本达到150时，选取标准值为0.45。本研究中，更为严格地选取了0.50的标准值，发现有6项题项低于此值（题项6、11、17、20、21、35），将其删除（含一个共同因素）。但因素结构会随之改变，因而进行第二次因素分析，以验证量表的建构效度。

从第二次因素分析"解释总变异量"输出结果来看，抽取了6个共同因素，后几个特征值较为接近；从碎石图中可以看出，从第5个共同因素开始可以删除，从而保留4个共同因素，见图4-2。从上文删掉6项题项后的因子载荷矩阵来看，最后2个共同因素分别只包含2项题项，将其删除。

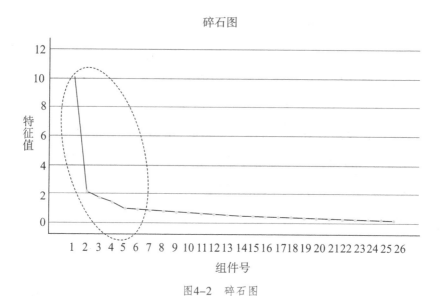

图4-2　碎石图

多次因素分析后所包含的题项为筛选后的26项，操作步骤与前面的因素分析相同。结果显示：KMO统计量值达到0.905，巴特利特球形度的近似卡方值是2596.308（自由度为325），达到非常显著水平，转轴后4个共同因素的特征值分别是：10.091，2.124，1.712，1.400，总的解析变异量为58.953%，接近60%，见表4-6。

表4-6　总的解析方差变异量

成分	初始特征值			提取载荷平方和			旋转载荷平方和		
	总计	方差百分比	累积%	总计	方差百分比	累积%	总计	方差百分比	累积%
1	10.091	38.813	38.813	10.091	38.813	38.813	4.876	18.752	18.752
2	2.124	8.170	46.983	2.124	8.170	46.983	3.903	15.013	33.765
3	1.712	6.586	53.568	1.712	6.586	53.568	3.464	13.325	47.090
4	1.400	5.384	58.953	1.400	5.384	58.953	3.084	11.863	58.953
5	.983	3.781	62.734						
……	……	……	……						
26	.192	.740	100.000						

提取方法：主成分分析法。

教师专业化成长方式因素分析旋转后的成分矩阵见表4-7。

表4-7　教师专业化成长方式因素分析旋转后的成分矩阵

题项变量及题目	最大方差法直交转轴后的因素负荷量				共同性
	1.自我增值	2.组织学习	3.学习反思	4.教学应用	
36.我认为教师间形成学习共同体，更能相互促进	.705	.226	.174	.137	.597
19.我认为评课对教师的成长很有帮助	.702	.395	−.023	.030	.650
15.我认为同课异构活动能促进教师的专业化成长	.690	.076	−.031	.227	.534
14.我认为教育创新实践能促进教师的专业化成长	.651	.115	−.004	.284	.518
33.我认为课堂观察能让我更容易学习他人优点	.623	.044	.306	.255	.548

题项变量及题目	最大方差法直交转轴后的因素负荷量				共同性
	1.自我增值	2.组织学习	3.学习反思	4.教学应用	
26.我认为多媒体信息技术能改善课堂教学	.607	.162	.273	.076	.475
22.我能从校本培训中学到对教学有用的东西	.604	.315	.357	.030	.592
18.我认为集体备课更能打开思路	.577	.411	−.035	.266	.574
10.我乐于跟随名师进行专业上的学习	.545	.040	.087	.469	.527
32.我能与学生在课堂上有效地互动，并根据学生反应及时调整课堂教学	.511	.082	.405	.439	.624
4.我校能为青年教师提供平台进行师徒结对	.048	.716	.063	.265	.589
5.我校（含全校、科组和备课组层面）经常举办教学研讨反思会或经验分享会	.140	.711	.051	.396	.685
3.我校经常举行同课异构研讨活动	.063	.682	.038	.063	.474
27.我校经常举行研讨课、教学比赛	.382	.620	.266	.140	.620
24.我校积极开展学校之间的合作与学习	.311	.603	.438	.069	.657
16.我校能定期举行校本培训（包含面向部分教师）	.309	.552	.157	.233	.478
30.学校聘请高校教授团队或专家团队培训本校教师，有助于教师的快速成长	.372	.516	.406	−.037	.571

题项变量及题目	最大方差法直交转轴后的因素负荷量				共同性
	1.自我增值	2.组织学习	3.学习反思	4.教学应用	
29.我校教师之间有相互尊重和信任的专业对话	.396	.483	.312	.114	.500
34.我喜欢在网络上发表与教育相关的看法	.021	.159	.792	.132	.671
31.我能对教学上出现的问题进行研究	.056	.010	.776	.220	.653
25.我能经常对自己的教学进行反思，并形成文字	.228	.196	.741	.122	.655
28.我经常自主观看网络优质课或微课	.113	.186	.658	.423	.660
9.我乐于作为授课者参加同课异构研讨活动	.218	.121	.279	.732	.675
8.我能在课堂上运用包含"合作学习"在内的其他模式或方式	.124	.266	.251	.708	.650
12.我积极参加集体备课，分享自己的备课心得	.335	.302	.078	.633	.610
13.我能在听课后对授课教师的课堂优缺点进行点评	.270	.250	.221	.597	.541
特征值	4.876	3.903	3.464	3.084	15.327
解释变异量%	18.752	15.013	13.325	11.863	58.953
累积解释变异量%	18.752	33.765	47.090	58.953	

提取方法：主成分分析法。

旋转方法：凯撒正态化最大方差法。

a. 旋转收敛于7个迭代。

表4-8统计分析显示，教师专业化成长方式的第一个因素包括10个小条目，如共同体成长、评课、同课异构、课堂观察、多媒体技术、集体备课等实实在在的教师在工作中主动成长的常见方式，集中体现了教师对其的态度，也反映了内在的一种自主成长的内驱力，所以我们给它命名为自我增值维度。此维度下的高分数显示，教师不断摸索，主动学习，自我修炼，实现价值的增长。维度下的各个条目的均值在4.17～4.52，表明被调查的坪山区中学教师的自我增值总体上处于良好的水平。该维度的均值在4个维度中是最高的，均为主观态度题，亦表明了教师对专业成长的正确认识。

表4-8 教师专业化成长方式的第一个因素：自我增值均值和标准差

量表条目	N	均值	标准偏差
36.我认为教师间形成学习共同体，更能相互促进	186	4.26	.719
19.我认为评课对教师的成长很有帮助	186	4.52	.599
15.我认为同课异构活动能促进教师的专业化成长	186	4.37	.679
14.我认为教育创新实践能促进教师的专业化成长	186	4.32	.684
33.我认为课堂观察能让我更容易学习他人优点	186	4.25	.670
26.我认为多媒体信息技术能改善课堂教学	186	4.24	.639
22.我能从校本培训中学到对教学有用的内容	186	4.18	.761
18.我认为集体备课更能打开思路	186	4.34	.649
10.我乐于跟随名师进行专业上的学习	186	4.42	.629
32.我能与学生在课堂上有效地互动，并根据学生反应及时调整课堂教学	186	4.17	.657

表4-9统计分析显示，教师专业化成长方式的第二个因素包括8个小条目，主要涉及学校层面上为教师的专业成长搭建平台（如师徒结对、研讨会/课、校本培训、专家进校等），与第一个因素

相比，更侧重学校行为，具有组织性，所以我们给它命名为组织学习维度。维度下的高分数显示，学校积极推动教师之间的有效交流与对话，组织各种研讨课或研讨会，为教师提供师徒结对的平台，并引入专家团队进行助力成长。维度下的各个条目的均值在3.68～4.27，表明被调查的坪山区中学的组织学习总体上处于良好的水平。该维度的均值在4个维度中排第三，亦表明了教师对学校层面的组织学习不甚满意。

表4-9　教师专业化成长方式的第二个因素：组织学习的均值和标准差

量表条目	N	均值	标准偏差
4.我校能为青年教师提供平台进行师徒结对	186	4.27	.879
5.我校（含全校、科组和备课组层面）经常举办教学研讨反思会或经验分享会	186	4.18	.818
3.我校经常举行同课异构研讨活动	186	3.68	1.047
27.我校经常举行研讨课、教学比赛	186	4.16	.766
24.我校积极开展学校之间的合作与学习	186	4.08	.873
16.我校能定期举行校本培训（包含面向部分教师）	186	4.27	.759
30.学校聘请高校教授团队或专家团队培训本校教师，有助于教师的快速成长	186	4.01	.873
29.我校教师之间有相互尊重和信任的专业对话	186	4.12	.750

（注：问卷最初预设维度为6个，但经过因素分析后，由6个变为4个，有两个被剔除了。所以这部分讨论的时候，是4个）

表4-10统计分析显示，教师专业化成长方式的第三个因素包括4个小条目，主要讨论教师反思的方式，如通过撰写教学反思、研究问题、观看教学视频等促进自身成长，故我们给它命名为学习反思维度。维度下的较高分数显示，教师能够对自己的教育教学行为进行延伸思考，并形成文字。维度下的各个条目的均值在3.17～3.76，

表明被调查的坪山区中学教师的学习反思总体上处于良好的水平。该维度的均值在4个维度中最低，亦表明了坪山区中学教师在学习反思方面最为欠缺。

表4-10 教师专业化成长方式的第三个因素：学习反思的均值和标准差

量表条目	N	均值	标准偏差
34.我喜欢在网络上发表与教育相关的看法	186	3.17	1.046
31.我能对教学上出现的问题进行研究	186	3.59	.967
25.我能经常对自己的教学进行反思，并形成文字	186	3.69	.899
28.我经常自主观看网络优质课或微课	186	3.76	.893

表4-11统计分析显示，教师专业化成长方式的第四个因素包括4个小条目，主要涉及教师在课堂上的成长，如参加同课异构、集体备课分享心得、听课后点评优缺点、将所学运用于课堂的改革，故我们给它命名为教学应用维度。维度下的高分数显示，教师能够积极授课、听课、集体备课，并将学习所得在自身课堂上应用。维度下的各个条目的均值在3.97~4.33，表明被调查的坪山区中学教师的教学应用维度总体上处于良好的水平。该维度的均值在4个维度中排第二，亦表明了教师愿意在教学中学以致用。

表4-11 教师专业化成长方式的第四个因素：教学应用的均值和标准差

量表条目	N	均值	标准偏差
8.我能在课堂上运用包含"合作学习"在内的其他模式或方式	186	4.02	.764
9.我乐于作为授课者参加同课异构研讨活动	186	3.97	.885
12.我积极参加集体备课，分享自己的备课心得	186	4.33	.710
13.我能在听课后对授课教师的课堂优缺点进行点评	186	4.16	.737

（四）同质性检验——信度检验

信度代表量表的一致性和稳定性，量表的信度越大，则其测量标准误差越小，采用最多的是克隆巴赫α（Cronbach α）系数，又称为内部一致性α系数。α系数越大，代表量表的内部一致性越佳。本预试的克隆巴赫α系数达到了0.936，非常理想，信度很高，见表4-12。

表4-12 预试问卷可靠性统计

克隆巴赫α	基于标准化项的克隆巴赫α	项数
.936	.945	36

经过因素分析后，删除了部分题项，形成了新的量表。为进一步了解新量表的一致性和稳定性，要继续进行的是量表各层面与总量表的信度检验，结果见表4-13。

表4-13 正式问卷可靠性统计

共同因素	克隆巴赫α	基于标准化项的克隆巴赫α	项数
自我增值	.888	.888	10
组织学习	.861	.866	8
学习反思	.832	.833	4
教学应用	.813	.819	4
量表	.932	.936	26

第二节 讨 论

一、对正式量表维度的讨论

本研究根据研究问题，采用量化研究和质化研究相结合的方法进行研究。

经过以上对初始量表的项目分析、效度检验、信度检验，形成正式量表。正式量表各共同因素的信度系数分别为"自我增值"（10题，0.888），"组织学习"（8题，0.861），"学习反思"（4题，0.832），"教学应用"（4题，0.813），总量表的信度系数是0.932。同时，我们发现共同因素由最开始的6个，经探索性因素分析后，能探索出4个共同因素，结果与原来理论假设有差异。将原有的理论假设和量表的统计分析结果加以比较，问卷的测量结果无法将观摩实践与学习反思、合作文化与团队学习区分成单独的因子（注：合作文化是原来的第五维度，团队学习是原来的第六维度，但是无法成为单独的因子，因此合并为新的4维度的第四维度）。原因有二：一是研究者自行编制问卷，这需要一个发展的过程。由于预试样本量不够多，问卷还不够成熟，仍需不断地完善。二是教师成长本来是一个相辅相成、相互制约的系统过程。另外，每种成长方式不可绝对划分，如"观摩实践"这个维度，原设想侧重于"观摩"这个"一般进行时"，"学习反思"这个维度侧重于"反思"这个"过去完成时"，但毕竟它们都属于"学习反思"这个大范畴；又如"合作文化"这个维度，原设想侧重于学校研究氛围和同伴互助，"团队学习"侧重于整个集体（共同体）的打造，但它们都属于学校层面的"组织学习"。

除了以上从量化数据角度讨论之外，我们下面将从逻辑关系分析。原有的理论假设，维度间的逻辑关系是自己学→学他人→一起学，即自身成长（学习反思、教学应用）、学习（他人）成长（观摩实践、自我增值）、协同成长（合作文化、团队学习）。经过问卷探索性因素分析后，维度间的逻辑关系是学习→反思→应用→学习，形成较为科学的"理论→实践→理论"循环，前三个维度更多的是侧重个人层面，最后一个维度侧重学校层面，既有微观，又有宏观。

因此，研究者在原有的理论假设和量表的统计分析结果基础上，在量表的维度上进行了调整，见图4-3：

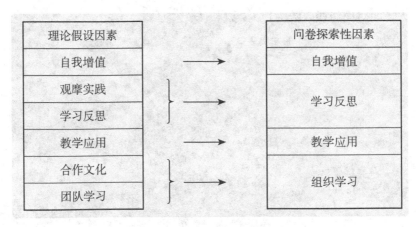

图4-3　理论假设因素和问卷探索性因素对比

二、对研究阶段的回顾

综上所述，本研究分为以下四个阶段：

第一阶段是教师专业化成长方式预试量表的编制研究。2018年9—11月继续梳理文献，阅读最新成果，编制预试量表。

第二阶段是预试量表的发展研究。2018年12月在坪山区中学教师群体中随机发放197份问卷，其中有效问卷186份，利用SPSS25进行项目分析、因素分析和效度分析，根据统计结果不断发展完善，形成正式量表。

第三阶段是量化分析。2019年1月面向坪山区全体中学教师发放问卷，共回收981份问卷，其中有效问卷870份，利用SPSS25进行描述性统计和推断性统计，并把量表的均值转换成标准分，再分成高低组，从中筛选个案研究学校。

第四阶段是个案研究。兼顾教师专业化成长方式的综合表现均值标准分的高低与学校的典型性和代表性，在公办学校中选取了新办学校2所、旧办学校2所进行质化研究。开放式问卷被试人数为40人，面对面访谈人数为17人。

05

第五章

坪山区中学教师专业化成长方式
现状整体概况分析和讨论

通过问卷星平台下发在线问卷调查，坪山区中学专任教师共1260人（数据由坪山区教育局教育科提供），收回问卷981份，其中有效问卷870份，有效问卷率为88.69%。本研究使用SPSS25进行统计分析，被调查教师的基本情况见表5-1。

表5-1　访谈对象基本情况表

类型	内容	样本数	所占百分比（%）（N=870）
学校	学校01	138	15.9
	学校02	70	8.0
	学校03	60	6.9
	学校04	84	9.7
	学校05	101	11.6
	学校06	103	11.8
	学校07	33	3.8
	学校08	24	2.8
	学校09	51	5.9
	学校10	17	2.0
	学校11	35	4.0
	学校12	71	8.2
	学校13	20	2.3
	学校14	16	1.8
	学校15	14	1.6
	学校16	19	2.2
	学校17	7	0.8
	学校18	7	0.8
学校性质	公办	556	63.9
	民办	314	36.1
	高中	171	19.7
	初中	699	80.3

类型	内容	样本数	所占百分比（%）（N=870）
学校性质	旧办学校 （10年以上）	554	63.7
	新办学校 （10年以下）	316	36.3
性别	男	297	34.1
	女	573	65.9
年龄	20～30岁	390	44.8
	31～40岁	293	33.7
	41～50岁	122	14.0
	51～60岁	65	7.5
教龄	小于5年	336	38.6
	5～10年	159	18.3
	10～15年	169	19.4
	大于15年	206	23.7
职务	校长	1	0.1
	副校长	6	0.7
	中层干部	79	9.1
	科备组组长、 班主任	310	35.6
	普通教师	474	54.5
学历	研究生及以上	129	14.8
	本科	659	75.7
	大专	82	9.4
职称	正高级	2	0.2
	高级	83	9.5
	一级	209	24.0
	二级	188	21.6
	暂无	388	44.6

类型	内容	样本数	所占百分比（%）（N=870）
学科	语文	148	17.0
	数学	154	17.7
	英语	147	16.9
	物理	58	6.7
	化学	51	5.9
	生物	47	5.4
	历史	62	7.1
	地理	40	4.6
	政治	18	2.1
	道德与法治	11	1.3
	体育与健康	41	4.7
	心理健康	4	0.5
	音乐	24	2.8
	美术	27	3.1
	信息技术	26	3.0
	综合实践	1	0.1
	其他	11	1.3
名师类别	国家级名师	1	0.1
	省级名师	14	1.6
	市级名师	15	1.7
	区级名师	32	3.7
	校级名师	89	10.2
	普通名师	719	82.6

（注：本研究的对象是"中学教师"涵盖了高中与初中，在问卷收集过程中，高中老师选择了政治，初中老师选择了道德与法治）

第一节　整体量化研究结果分析和讨论

本部分主要对坪山区中学教师专业化成长方式的各变量进行描述性统计、相关分析，以及对公办学校和民办学校、初中学校和高中学校、新办学校和旧办学校的问卷进行方差分析，并对研究结果进行讨论和总结。

一、坪山区中学教师专业化成长方式研究结果描述性分析

这部分主要是通过对成长方式各维度的描述性分析，了解坪山区中学教师专业化成长方式情况。

表5-2中的描述性统计结果显示，坪山区中学教师专业化成长方式的四个维度：自我增值、教学应用、学习反思、组织学习的均值分别是4.3285，4.2161，3.6149，4.1239（最低是1，最高是5），除了学习反思，其他均值均处于比较高的分值，说明坪山区中学教师整体的专业化成长方式处于较高的水平。

表5-2 教师专业化成长方式四个维度的描述性统计

维度	N	最小值	最大值	合计	均值	标准偏差
自我增值	870	2.10	5.00	3765.80	4.3285	0.52609
教学应用	870	1.50	5.00	3668.00	4.2161	0.57092
学习反思	870	1.25	5.00	3145.00	3.6149	0.71157
组织学习	870	1.63	5.00	3587.75	4.1239	0.65532

二、量表间各维度的相关分析

这部分通过皮尔逊系数进行相关分析来讨论四个维度之间的关系如何。

表5-3的数据表明，量表的四个维度均显著相关，自我增值与组织学习的相关系数最高，达到了0.796，其他从高到低依次为：自我增值与教学应用的相关系数达到了0.793，教学应用与组织学习的相关系数达到了0.672，教学应用与学习反思的相关系数达到了0.615，学习反思与组织学习的相关系数达到了0.535，自我增值与学习反思的相关系数达到了0.526。

表5-3 教师专业化成长方式四个维度的相关分析（皮尔逊相关）

项目		自我增值	教学应用	学习反思	组织学习
自我增值	皮尔逊相关性	1	0.793**	0.526**	0.796**
	Sig.（双尾）		0.000	0.000	0.000
教学应用	皮尔逊相关性	0.793**	1	0.615**	0.672**
	Sig.（双尾）	0.000		0.000	0.000
学习反思	皮尔逊相关性	0.526**	0.615**	1	0.535**
	Sig.（双尾）	0.000	0.000		0.000

项目		自我增值	教学应用	学习反思	组织学习
组织学习	皮尔逊相关性	0.796**	0.672**	0.535**	1
	Sig.（双尾）	0.000	0.000	0.000	

**.在0.01级别（双尾），相关性显著。

三、教师背景信息变量与教师专业化成长方式变量的关系研究

这部分主要通过方差分析来比较教师背景信息变量和教师专业化成长方式变量的关系如何。

（一）性别

坪山区的中学男女教师在四个维度的表现见表5-4。

表5-4的数据显示，女教师人数约为男教师人数的两倍。从均值看，相比较而言，各有优势。女教师在自我增值和教学应用两个维度高于男教师，在学习反思和组织学习两个维度低于男教师。其中，学习反思方面的均值，男生高出最多，并且达到了显著差异。

表5-4 坪山区中学男女教师各维度均值及标准差

维度	性别	个案数	平均值	标准偏差	显著性
自我增值	男	297	4.2983	0.58693	0.223
	女	573	4.3442	0.49142	
教学应用	男	297	4.2096	0.63443	0.809
	女	573	4.2195	0.5356	
学习反思	男	297	3.7062	0.74021	0.006
	女	573	3.5676	0.6922	
组织学习	男	297	4.1481	0.67646	0.431
	女	573	4.1113	0.64433	

（二）年龄

坪山区的不同年龄段的中学教师在四个维度的表现见表5-5。

表5-5 坪山区中学各年龄段教师各维度均值及标准差

维度	年龄	个案数	平均值	标准偏差	显著性
自我增值	20~30岁	390	4.3369	0.50266	0.019
	31~40岁	293	4.3768	0.52395	
	41~50岁	122	4.2689	0.58692	
	51~60岁	65	4.1723	0.52515	
教学应用	20~30岁	390	4.1936	0.56604	0.087
	31~40岁	293	4.2799	0.54167	
	41~50岁	122	4.1885	0.62101	
	51~60岁	65	4.1154	0.61409	
学习反思	20~30岁	390	3.609	0.72082	0.552
	31~40岁	293	3.651	0.71734	
	41~50岁	122	3.6004	0.64815	
	51~60岁	65	3.5154	0.74723	
组织学习	20~30岁	390	4.0785	0.64343	0.014
	31~40岁	293	4.2248	0.64469	
	41~50岁	122	4.0656	0.72624	
	51~60岁	65	4.05	0.59161	

表5-5的数据显示，从所有维度的均值来看，无一例外地遵循了以下顺序：31~40岁＞20~30岁＞41~50岁＞51~60岁，且除了学习反思维度之外，其他维度内的差异都达到了显著。

为进一步对不同年龄的教师在各个维度上的表现做多重比较，采用了LSD检验法。结果见表5-6。

表5-6　不同年龄的教师的维度多重比较（显著部分）

因变量	（I）年龄	（J）年龄	平均值差值（I-J）	标准错误	显著性
自我增值	20～30岁	51～60岁	0.16462*	0.0702	0.019
	31～40岁	51～60岁	0.20448*	0.07184	0.005
教学应用	31～40岁	51～60岁	0.16448*	0.07811	0.036
组织学习	20～30岁	31～40岁	0.14630*	0.05044	0.004
	31～40岁	41～50岁	0.15926*	0.0703	0.024

*.平均值差值的显著性水平为0.05。

［注：本表收集的是四个维度中达到显著性差异的维度，即括号内标明的（显著部分），再进行的事后多重比较。而"学习反思"维度，从一开始就没有年龄上的显著差异，也就没有了进一步事后多重比较的必要性，因此未在此表呈现。］

从自我增值维度来看，20～30岁的教师比51～60岁的教师均值高0.16，且达到显著；31～40岁的教师比51～60岁的教师均值低，且达到显著；其他维度类似解读。从表中数据可以发现，31～40岁的教师均值在不同维度均高于其他年龄段的教师，且达到显著。

（三）教龄

坪山区的不同教龄段的中学教师在四个维度的表现见表5-7。

表5-7　坪山区中学不同教龄段教师各维度均值及标准差

维度	教龄	个案数	平均值	标准偏差	显著性
自我增值	小于5年	336	4.3062	0.49456	0.003
	5～10年	159	4.4484	0.49783	
	10～15年	169	4.3562	0.53606	
	大于15年	206	4.2495	0.57286	
教学应用	小于5年	336	4.1555	0.564	0.008
	5～10年	159	4.305	0.5267	
	10～15年	169	4.2959	0.53428	
	大于15年	206	4.1808	0.62889	

维度	教龄	个案数	平均值	标准偏差	显著性
学习反思	小于5年	336	3.5826	0.72744	0.189
	5～10年	159	3.7233	0.73	
	10～15年	169	3.6154	0.69329	
	大于15年	206	3.5837	0.68206	
组织学习	小于5年	336	4.0342	0.65309	0.001
	5～10年	159	4.2256	0.61983	
	10～15年	169	4.2419	0.67137	
	大于15年	206	4.0947	0.65144	

表5-7的数据显示，从自我增值、教学应用、学习反思三个维度来看，5～10年教龄的教师均值最高，表现最好；从教学应用、学习反思、组织学习三个维度来看，教龄5年以下的教师均值最低，在自我增值维度略高于15年以上教龄的教师。除了学习反思维度，其他三个维度差异均达到了显著（注：之所以类似解读，是由于篇幅问题。因为关于教龄这个变量，"自我增值""教学应用""学习反思""组织学习"四个维度都呈现了显著性差异，因此文字部分以"自我增值"维度为例，进行了解读，其他三个维度的解读方法类似。）。

为进一步对不同教龄的教师在自我增值、教学应用、组织学习维度上的表现做多重比较，本研究采用了LSD检验法，结果见表5-8。

表5-8 不同教龄教师的维度多重比较（显著部分）

因变量	（I）教龄	（J）教龄	平均值差值（I-J）	标准错误	显著性
自我增值	小于5年	5～10年	0.14218*	0.05032	0.005
	5～10年	大于15年	0.19891*	0.05518	0
	10-15年	大于15年	0.10670*	0.05425	0.05

续　表

因变量	（I）教龄	（J）教龄	平均值差值（I-J）	标准错误	显著性
教学应用	小于5年	5～10年	0.14953*	0.05468	0.006
		10～15年	0.14035*	0.05357	0.009
	5～10年	大于15年	0.12421*	0.05996	0.039
学习反思	小于5年	5～10年	0.14068*	0.06842	0.04
组织学习	小于5年	5～10年	0.19140*	0.0626	0.002
		10～15年	0.20764*	0.06133	0.001
	10～15年	大于15年	0.14720*	0.0675	0.029

★.平均值差值的显著性水平为0.05。

从自我增值维度来看，教龄5年以下的教师与教龄5～10年的教师差异达到显著，教龄5～10年的教师与教龄15年以上的教师差异达到显著，教龄10～15年的教师与教龄15年以上的教师差异达到显著，其他维度类似解读[①]。

（四）职务

坪山区的不同职务的中学教师在四个维度的表现见表5-9。

表5-9　坪山区不同职务的教师各维度均值及标准差

维度	职务	个案数	平均值	标准偏差	显著性
自我增值	校级领导	7	4.4857	0.49135	0.492
	中层干部	79	4.3734	0.55992	

[①] 注：类似解读，是由于篇幅问题。因为关于教龄这个变量，"自我增值""教学应用""学习反思""组织学习"四个维度都呈现了显著性差异，因此文字部分以"自我增值"维度为例，进行了解读，其他三个维度的解读方法类似。

维度	职务	个案数	平均值	标准偏差	显著性
自我增值	科备组组长、班主任	310	4.3471	0.51342	
	普通教师	474	4.3065	0.52925	
教学应用	校级领导	7	4.3571	0.40459	0.039
	中层干部	79	4.3259	0.57506	
	科备组组长、班主任	310	4.2581	0.53473	
	普通教师	474	4.1682	0.59133	
学习反思	校级领导	7	3.6786	0.57217	0.225
	中层干部	79	3.7722	0.68194	
	科备组组长、班主任	310	3.5927	0.70858	
	普通教师	474	3.6023	0.71884	
组织学习	校级领导	7	4.2857	0.48795	0.303
	中层干部	79	4.2073	0.65133	
	科备组组长、班主任	310	4.1524	0.6475	
	普通教师	474	4.0889	0.66242	

表5-9的数据显示，从所有维度的均值来看，基本遵循了以下顺序：校级领导>中层干部>科备组组长、班主任>普通教师，但只有在教学应用维度的差异达到了显著。

为进一步对不同职务的教师在教学应用维度上的表现做多重比较，本研究采用了LSD检验法。结果见表5-10。

表5-10　不同职务教师的维度多重比较（显著部分）

因变量	（I）职务	（J）职务	平均值差值（I-J）	标准错误	显著性
教学应用	中层干部	普通教师	0.15770*	0.06917	0.023
	科备组组长、班主任	普通教师	0.08982*	0.04157	0.031

*.平均值差值的显著性水平为0.05。

从教学应用维度来看，担任中层干部的教师均值高于普通教师，且差异达到显著；担任科备组组长、班主任的教师均值高于普通教师，且差异达到显著。

（五）学历

坪山区的不同学历的中学教师在四个维度的表现见表5-11。

表5-11　坪山区不同学历的教师各维度均值及标准差

维度	学历	个案数	平均值	标准偏差	显著水平
自我增值	研究生及以上	129	4.3434	0.5048	0.846
	本科	659	4.3228	0.5241	
	大专	82	4.3512	0.57804	
教学应用	研究生及以上	129	4.1822	0.61773	0.588
	本科	659	4.2166	0.5604	
	大专	82	4.2652	0.58181	
学习反思	研究生及以上	129	3.5601	0.71928	0.027
	本科	659	3.6013	0.70353	
	大专	82	3.811	0.74075	

维度	学历	个案数	平均值	标准偏差	显著水平
组织学习	研究生及以上	129	4.1114	0.67536	0.941
	本科	659	4.1282	0.64774	
	大专	82	4.1082	0.69104	

表5-11的数据显示，大专学历的教师虽然在组织学习维度的均值排在最后，但在其他三个维度均处于第一，其次是本科学历的教师，研究生学历的教师只有在自我增值维度具有优势。四个维度中，只有学习反思维度的差异是显著的。

为进一步对不同学历的教师在学习反思维度上的表现做多重比较，本研究采用了LSD检验法，结果见表5-12。

表5-12　不同学历教师的维度多重比较（显著部分）

因变量	（I）学历	（J）学历	平均值差值（I-J）	标准错误	显著性
学习反思	大专	研究生及以上	0.25090*	0.10019	0.012
		本科	0.20969*	0.08307	0.012

*.平均值差值的显著性水平为0.05。

从学习反思维度来看，大专学历的教师均值高于本科及以上学历的教师，且差异达到显著。

（六）学科

考虑到部分学科的个案数较少，本研究将问卷中的众多学科重新划分为三类：文科（语文、英语、历史、地理、政治、道德与法治）、理科（数学、物理、化学、生物）和综合（体育与健康、心理健康、音乐、美术、信息技术、通用技术、综合实践、其他）。表5-13为坪山区的不同学科的教师在四个维度的表现。

表5-13 坪山区不同学科的教师各维度均值及标准差

维度	学科	个案数	平均值	标准偏差	显著水平
自我增值	文科	426	4.3469	0.5075	0.262
	理科	310	4.2897	0.53021	
	综合	134	4.3597	0.57152	
教学应用	文科	426	4.2641	0.54647	0.004
	理科	310	4.129	0.58663	
	综合	134	4.2649	0.5903	
学习反思	文科	426	3.6138	0.68144	0.001
	理科	310	3.5306	0.72788	
	综合	134	3.8134	0.73301	
组织学习	文科	426	4.1364	0.6459	0.013
	理科	310	4.0528	0.67264	
	综合	134	4.2481	0.62753	

表5-13的数据显示，从所有维度的均值来看，无一例外地遵循了以下顺序：综合＞文科＞理科，且除了自我增值维度之外，其他维度内的差异达到了显著。

为进一步对不同学科背景的教师在教学应用、学习反思、组织学习维度上的表现做多重比较，本研究采用了LSD检验法，结果见表5-14。

表5-14 不同学科教师的维度多重比较（显著部分）

因变量	（I）任教学科	（J）任教学科	平均值差值（I-J）	标准错误	显著性
教学应用	文科	理科	0.13505*	0.04239	0.001
	理科	综合	0.13589*	0.05871	0.021

因变量	（I）任教学科	（J）任教学科	平均值差值（I-J）	标准错误	显著性
学习反思	文科	综合	0.19958*	0.06996	0.004
	理科	综合	0.28279*	0.07302	0
组织学习	理科	综合	0.19531*	0.06749	0.004

★.平均值差值的显著性水平为0.05。

从教学应用维度来看，理科教师的均值都低于文科教师、综合学科教师，其差异分别达到显著；其他维度类似解读，而且在这三个维度，理科教师与其他学科教师的差异均达到显著。

（七）职称

表5-15的数据显示，一级教师总体上表现优异，而（正）高级教师在自我增值、教学应用、学习反思三个维度均值最低，表现最弱。四个维度中只有组织学习维度的差异达到了显著。

表5-15 坪山区不同职称的教师各维度均值及标准差

维度	职称	个案数	平均值	标准偏差	显著性
自我增值	（正）高级	85	4.2082	0.56699	0.155
	一级	209	4.3349	0.53329	
	二级	188	4.3277	0.52232	
	暂无	388	4.3518	0.51311	
教学应用	（正）高级	85	4.1794	0.61433	0.521
	一级	209	4.262	0.54307	
	二级	188	4.2247	0.56676	
	暂无	388	4.1952	0.57824	
学习反思	（正）高级	85	3.5118	0.6758	0.118
	一级	209	3.5443	0.7089	

续表

维度	职称	个案数	平均值	标准偏差	显著性
学习反思	二级	188	3.641	0.71375	
	暂无	388	3.663	0.71686	
组织学习	（正）高级	85	4.0956	0.64942	0.04
	一级	209	4.2171	0.64246	
	二级	188	4.1589	0.6368	
	暂无	388	4.0628	0.66767	

为进一步对不同职称的教师在组织学习维度上的表现做多重比较，本研究采用了LSD检验法，结果见表5-16。

表5-16　不同职称教师的维度多重比较（显著部分）

因变量	（I）职称	（J）职称	平均值差值（I-J）	标准错误	显著性
组织学习	一级职称	暂无职称	0.15428*	0.05606	0.006

*.平均值差值的显著性水平为0.05。

从组织学习维度来看，具备一级职称的教师的均值高于暂无职称的教师，且差异达到了显著。

（八）名师类别

坪山区属于深圳市新兴区域，教育相比发达区域，较为滞后，近年来虽然大力引进名教师，但总体而言，比例仍较小。本研究将校级及以上的名师统一划归为校级名师，与普通教师进行统计比较。

表5-17的数据显示，从所有维度的均值来看，校级名师均高于普通教师，在教学应用维度的差异达到了显著。可见，学习反思在名师的成长过程中作用较为明显。

表5-17 坪山区不同名师类别的教师各维度均值及标准差

维度	名师类别	个案数	平均值	标准偏差	显著性
自我增值	校级名师	151	4.3742	0.48421	0.242
	普通教师	719	4.3189	0.53429	
教学应用	校级名师	151	4.3245	0.49899	0.01
	普通教师	719	4.1933	0.58266	
学习反思	校级名师	151	3.6738	0.66269	0.263
	普通教师	719	3.6026	0.72124	
组织学习	校级名师	151	4.154	0.70835	0.535
	普通教师	719	4.1175	0.64397	

四、公办学校和民办学校比较分析

这部分对公办学校和民办学校的教师专业化成长方式进行比较分析。我们可以用方差分析进行说明，方差分析可以用于检验两个以上的样本平均数差异的显著程度。

表5-18的数据显示，公办学校与民办学校比较，公办学校在自我增值、教学应用、组织学习三个维度的均值均高于民办学校，表明坪山区的公办学校在这三方面比民办学校要好，但在学习反思这个维度，公办学校的均值低于民办学校，这也许是由于公办学校的教师有更规范地组织学习，反而减少了学习反思，而民办学校的教师由于更倾向个人努力，较少进行同伴互助，只能依靠自身反思来解决更多的教学问题。数据还显示，公办学校和民办学校在学习反思和组织学习维度有显著差异。

表5-18　公办学校和民办学校的比较分析

维度	性质	个案数	平均值	标准偏差	显著水平
自我增值	公办	556	4.3365	0.51312	0.551
	民办	314	4.3143	0.54885	
教学应用	公办	556	4.2275	0.55543	0.432
	民办	314	4.1959	0.59773	
学习反思	公办	556	3.5171	0.71781	0.000
	民办	314	3.7882	0.66710	
组织学习	公办	556	4.1790	0.62110	0.001
	民办	314	4.0263	0.70237	

五、初中学校和高中学校比较分析

这部分对初中学校和高中学校的教师专业化成长方式进行比较分析。我们依然使用方差分析进行说明，检验两个以上的样本平均数差异的显著程度。

表5-19的数据显示，初中学校与高中学校比较，初中学校在所有维度的均值均高于高中学校，表明坪山区的初中学校在各方面比高中学校要好，这也许是因为高考压力比中考压力更大，高中教师更重视教学成绩，而忽视了教师综合素养的提升。数据还显示，初中学校和高中学校在自我增值和学习反思维度有显著差异。

表5-19　初中学校和高中学校的比较分析

维度	学校	个案数	平均值	标准偏差	显著水平
自我增值	高中	171	4.2263	0.50557	0.005
	初中	699	4.3535	0.52834	
教学应用	高中	171	4.1637	0.53710	0.181
	初中	699	4.2289	0.57854	

维度	学校	个案数	平均值	标准偏差	显著水平
学习反思	高中	171	3.5073	0.69209	0.027
	初中	699	3.6413	0.71428	
组织学习	高中	171	4.0731	0.65386	0.259
	初中	699	4.1363	0.65555	

六、新办学校和旧办学校比较分析

这部分对新办学校和旧办学校的教师专业化成长方式进行比较分析。我们依然使用方差分析进行说明，检验两个以上的样本平均数差异的显著程度。对于新办学校与旧办学校的划分，我们以建校10年为限，低于10年的为新办学校，高于10年的为旧办学校。

表5-20的数据显示，新办学校与旧办学校比较，新办学校在自我增值和教学应用两个维度的均值均高于旧办学校，表明坪山区的新办学校在这两方面比旧办学校要好，这应该是由于新办学校的年轻教师居多，他们注重自我水平的提升，更容易接受新的教育理念，学习新的教育教学方法并应用于课堂实践。旧办学校在学习反思和组织学习两个维度的均值均高于新办学校，表明坪山区的旧办学校在这两方面比新办学校要好，这应该是因为旧办学校的中青年骨干教师居多，他们在度过了年轻教师在教学中的适应期后，更注重学习反思，不断地积累沉淀，传帮带的效果较为明显。

表5-20 旧办学校和新办学校的比较分析

		个案数	平均值	标准偏差	显著水平
自我增值	旧办学校	554	4.3258	0.53222	0.842
	新办学校	316	4.3332	0.51597	

续 表

		个案数	平均值	标准偏差	显著水平
教学应用	旧办学校	554	4.2017	0.57194	0.326
	新办学校	316	4.2413	0.56915	
学习反思	旧办学校	554	3.6286	0.70377	0.453
	新办学校	316	3.5910	0.72555	
组织学习	旧办学校	554	4.1453	0.63652	0.201
	新办学校	316	4.0862	0.68645	

七、讨论与结论

以下从坪山区中学教师专业化成长方式的现状、教师专业化成长方式的四个维度之间的关系、教师背景信息变量与教师专业化成长方式变量的关系、公办学校与民办学校的比较分析、初中学校与高中学校的比较分析、旧办学校与新办学校的比较分析六个方面进一步深入探讨数据背后的信息。

（一）坪山区中学教师专业化成长方式的综合表现处于良好水平

坪山区教师专业化成长方式四个维度的均值范围是3.6149～4.3285,总体上看,处于良好水平,只有学习反思维度的均值低于4。按照均值,由高到低依次为自我增值、教学应用、组织学习、学习反思。由此可知,坪山区的中学教师积极向上,热爱教育事业,渴望进步,在专业成长上有所发展,并善于将所学应用于教学中,敢于在课堂上尝试与创新先进的教学方法,但在学习、应用后,不能主动进行反思,未能较好地审视所学、所为。学校积极为教师搭建成长平台,鼓励与帮助教师成长。

（二）教师专业化成长方式的四个维度显著相关

研究数据表明,教师专业化成长方式的四个维度均显著相关,尤其是自我增值与教学应用、组织学习显著相关，相关系数分别达到了0.793和0.796。这说明教师的自我增值与教师在教学应用方面的能力有很强的正相关关系，变化趋势一致；教师的自我增值与学校在组织教师学习方面也有很强的正相关关系，变化趋势一致。

（三）教师背景信息变量水平在四个维度的表现各异

在性别方面，男女教师在四个维度的表现各有优势，男教师在学习反思和组织学习维度的表现优于女教师，尤其是在学习反思维度的表现最为优异，且达到了显著差异。或许这与人的智力结构有很大关系，从智力结构上讲，女性的优势在语言流畅、记忆、知觉速度等方面，而男性在算术理解、空间关系、抽象推理等方面较占优势。学习反思更侧重于抽象推理、归纳总结。

在年龄方面，31～40岁的教师表现最为优异，在所有维度表现最好，其次为20～30岁的教师，在自我增值、教学应用、组织学习三个维度的差异达到了显著。通过多重比较，发现31～40岁的教师不仅均值高于其他组，且均与其他组的差异达到了显著。这表明，坪山区年轻中学教师专业化成长方式的综合表现较优，呈现良好的趋势，31～40岁的教师尤为突出。

在教龄方面，"5～10年"教龄的教师表现最为优异，几乎在所有维度表现最好，其次为"10～15年"教龄的教师，且在自我增值、教学应用、组织学习三个维度的差异达到了显著。通过多重比较，发现"5～10年"教龄的教师均值高于"小于5年"教龄的教师、"大于15年"教龄的教师，且达到显著，即受试者中"5～15年"教龄的教师表现突出。根据数据统计，受试者样本数为870人，其中本科学历659人，研究生学历129人，占样本90%以上，按照22岁本科毕业，加上5～15年教龄，其年龄为27～37岁，同理，研究生

25岁毕业，加上5～15年教龄，其年龄为30～40岁，和上述"年龄"分析结果（31～40岁的教师尤为突出）基本符合。

在职务方面，中层干部以上的教师表现最为优异，在所有维度表现最好，且均值高于其他组较多，在教学应用维度的差异达到了显著。然后依次是科备组组长、班主任、普通教师。可以看出，校级领导作出决策，中层干部负责实施，他们在很大程度上，不仅是从行动上认同教师专业化成长，更重要的是从观念上认同。科备组组长、班主任与普通教师，平时更多地接触到中层以上的干部，对学校内部的事情较为清楚，也更能理解学校的决策与行动。所以就不难理解四类教师的均值排序为校级领导>中层干部>科备组组长、班主任>普通教师。

在学历方面，大专学历的教师表现最为优异，在学习反思维度的差异是显著的，除了组织学习维度之外的三个维度表现最好，且均值高于其他组较多。然后依次是本科学历的教师、研究生学历的教师。因为大专学历的教师往往年纪较大，在年轻的时候往往不具备在集体中成长的条件，更多的是依靠自我反思成长，这种习惯或观念一直保留，这就不难理解为何大专学历的教师在组织学习中表现最弱了。近年来，坪山区教育系统补充了大量的应届研究生，他们朝气蓬勃，在自我增值维度高于本科学历的教师，接近大专学历的教师，这和上述关于教龄的研究结果（小于5年教龄的教师均值较低）基本保持一致。

在学科方面，综合学科的教师表现最为优异，在所有维度表现最好，均值高于其他组较多，且在教学应用、学习反思和组织学习三个维度的差异达到了显著。然后依次是文科教师、理科教师。由于综合学科的分类囊括了较多学科的教师，学科背景较复杂，且多为非统考科目，相比较文科和理科教师的专注应考，开设了更多的社团，开展了更多的业务能力培训、社会实践等，这些无疑是他们在维度得分的主要原因。

在职称方面，具备一级职称的教师表现最为优异，且在组织学习维度的差异达到了显著。然而具备（正）高级职称的教师表现普遍较弱。一般而言，本科学历的教师要评到一级职称，基本在30岁左右（教龄约8年），要评到高级职称，基本在40岁以上（教龄15年以上）。大多数具备高级职称的教师往往会遇到上升的瓶颈，毕竟要评到正高级职称太难了。而具备一级职称的教师正处于奋斗的上升期，成长热情高，因此得分较高，这和先前的研究结果（31~40岁、教龄5~15年的教师尤为突出）基本保持一致。

在名师类别方面，名师群体表现最为优异，在所有维度表现均优于普通教师。数据表明，名师非常认同本研究所提及的教师专业化成长方式，尤其是在学习反思维度的差异达到了显著，这更加说明了学习反思在教师成长中的重要性。

（四）公办学校表现普遍优于民办学校，在学习反思和组织学习两个维度差异显著

研究数据表明，公办学校的教师专业化成长方式的综合表现普遍优于民办学校，但在学习反思维度低于民办学校，在学习反思和组织学习两个维度差异显著。究其原因，应该是公办学校的师资水平普遍较高，生存竞争压力较小，教师对自己的专业发展有要求，也会有时间和精力在课堂教学中变革。同时，公办学校除了关注成绩，也会重视教师素养的培养，因此在组织学习方面做得较好。但从另一个角度来说，公办学校的教师也许会自认为能力水平较高，做好当下的工作即可，不需要进行过多的反思，亦可站稳讲台。

反观民办学校，其师资水平普遍较低，教师工作不太稳定，面临的生存竞争压力较大，"生存"是第一要务。其工作量基本是公办学校教师的一倍，超负荷的工作使他们没有时间参加区里的教研活动。在这样的环境下，完成教学任务是首要的，自我学习、在教学中尝试新教法或新手段、贯彻新的教育理念，成为空谈。民办学校流动性强的特点，使学校层面系统化的组织学习难以有效开展。然而，也许正是竞争心态的存在、团队学习与互助的缺乏，使得民办学校教师"孤军作战"，依靠学习反思来解决更多的教学问题。

（五）初中学校表现均优于高中学校，且在自我增值和学习反思两个维度差异显著

研究数据表明，初中学校的教师专业化成长在所有维度的均值均高于高中学校的教师，初中学校的教师总体上优于高中学校的教师，且在自我增值和学习反思两个维度差异显著。或许是因为考试、成绩在高中教师群体中的被重视程度更高，而其自身忽视了教师专业化成长。还有就是观念的问题，自己明明在学习、应用、反思，想方设法提高教学质量，却认为自己是为了"抓成绩"，而忽视了"过程"中的专业化成长。同样，在组织学习维度，高中学校所采取的措施都是为了帮助教师熟悉考点，提高备考效率，这也许就不难理解为何高中教师在组织学习维度得分较低了。相反，初中学校除了要应对中考外，还要兼顾来自教育行政部门、学生家庭、社会社区等各种任务和压力。在既要有"办学质量"，又要有"办学特色"的指导要求下，初中学校则会重视平时各种各样的教学比赛、教研活动、教师培训等。因此，初中学校的教师不仅从行动上，也从观念上注重教师专业化成长。

（六）旧办学校与新办学校相比较各有优势，但无显著差异

研究数据表明，旧办学校和新办学校两者在各维度的均值相比，各有优势——旧办学校在学习反思和组织学习维度略占优，新办学校在自我增值和教学应用维度略占优，但均值十分接近，最大的差距在于组织学习维度，也只有0.06。所有维度均无显著差异。

新办学校的年轻教师居多，对职业的未来充满憧憬，拥有较大的教育热情，对于新的教育理念更容易接受，热衷于将所学（如教学方法、教学手段）应用于课堂实践中，因此在自我增值和教学应用维度占优。

旧办学校的教师队伍结构比较成熟，中青年骨干教师占据一定比例。他们或许认为自己的水平较高，更注重自己的反思过程，从而提高教学效率。然而形成了稳定的教学风格后，他们更加倾向进行微调来促进有效教学，而舍弃了较大程度的创新。

在组织学习维度，旧办学校属于成熟的学校，拥有相对完善的制度，让教师更能感受到组织学习的氛围与实施。

综上所述，可以得出以下结论：坪山区中学教师专业化成长方式的综合表现处于良好的水平；教师专业化成长方式的四个维度显著相关；教师背景信息变量水平在四个维度的表现各异；公办学校的教师专业化成长方式的综合表现普遍优于民办学校，但在学习反思这个维度低于民办学校，在学习反思和组织学习两个维度差异显著；初中学校的教师专业化成长在所有维度的均值均高于高中学校，在自我增值和学习反思两个维度差异显著；旧办学校与新办学校两者相比较各有优势，但无显著差异，整理如下，见表5-21。

表5-21　简要结论一览表

内容项		简要结论
教师专业化成长方式的综合表现		良好。按照均值，由高到低依次为自我增值、教学应用、组织学习、学习反思
教师专业化成长方式的四个维度间关系		显著相关，教师的自我增值与教师在教学应用方面的能力有很强的正相关关系，变化趋势一致；教师的自我增值与学校在组织教师学习方面也有很强的正相关关系，变化趋势一致
教师背景信息变量在四个维度的表现	性别	男女教师在四个维度的表现各有优势，男教师在学习反思和组织学习维度的表现优于女教师，尤其是在学习反思维度的表现最为优异，且达到了显著差异
	年龄	31～40岁的教师表现最为优异，其次为20～30岁的教师，在自我增值、教学应用、组织学习三个维度的差异达到了显著
	教龄	"5～10年"教龄的教师表现最为优异，几乎在所有维度表现最好，其次为"10～15年"教龄的教师，且在自我增值、教学应用、组织学习三个维度的差异达到了显著
	职务	中层干部以上的教师表现最为优异，在教学应用维度的差异达到了显著
	学历	大专学历的教师表现最为优异，在学习反思维度的差异是显著的，除了组织学习维度之外的三个维度表现最好，且均值高于其他组较多。然后依次是本科学历的教师、研究生学历的教师
	学科	综合学科的教师表现最为优异，在所有维度表现最好，均值高于其他组较多，且在教学应用、学习反思和组织学习三个维度的差异达到了显著。然后依次是文科教师、理科教师
	职称	具备一级职称的教师表现最为优异，且在组织学习维度的差异达到了显著。然而具备（正）高级职称的教师表现普遍软弱
	名师类别	名师群体表现最为优异，在所有维度表现均优于普通教师，在学习反思维度的差异达到了显著

内容项	简要结论
公民办学校比较	公办学校表现普遍优于民办学校，在学习反思和组织学习两个维度差异显著
初高中学校比较	初中学校的教师专业化成长在所有维度的均值均高于高中学校的教师，且在自我增值和学习反思两个维度差异显著
新旧办学校比较	旧办学校与新办学校两者相比较各有优势，但无显著差异。旧办学校在学习反思和组织学习维度略占优，新办学校在自我增值和教学应用维度略占优，但均值十分接近

第二节 质化研究四个个案的选取

通过量化数据分析，把教师专业化成长方式的Z分数算出，找出分数相对高或相对低两个层次（公办新校和公办旧校）共四所学校作为个案研究对象。被试学校的Z分数显示了该校教师专业化成长方式的综合表现的优异程度，因此研究者在挑选学校过程中根据学校的综合指数，也考虑了典型性、代表性和可比性，同时注重它们的办学背景（学校性质、生源、被试数量），挑选了A、B、C、D学校作为四个主要的质化研究个案。

一、被试学校的教师专业化成长方式比较

每所学校的得分是将每所学校的教师专业化成长方式的四个维度（自我增值、教学应用、学习反思和组织学习）的均值相加，再求其均值，最后转换成Z分数。结果见表5-22。

表5-22　个案学校在四个维度的描述性统计与总均值Z分数
（从高到低排列）

学校代码	学校样本数	自我增值	教学应用	学习反思	组织学习	总均值	总均值Z分数
学校09	51	4.5098	4.3775	3.9853	4.4461	4.3297	0.490308
学校14	16	4.5438	4.4375	3.9219	4.2188	4.2805	0.397122
学校02	70	4.46	4.3607	3.6893	4.4018	4.2279	0.29762
学校12	71	4.3423	4.2676	3.9331	4.1602	4.1758	0.1988151
学校11	35	4.4029	4.2357	3.7929	4.1214	4.1382	0.1276245
学校16	19	4.4053	4.2368	3.6579	4.2039	4.126	0.1044599
学校04	84	4.3667	4.1577	3.5506	4.3199	4.0987	0.0528321
学校08	24	4.3542	4.3125	3.7396	3.7969	4.0508	−0.0380154
学校06	103	4.3233	4.2767	3.5437	4.0413	4.0462	−0.0466228
学校17	7	4.3429	4.1429	3.7857	3.8929	4.0411	−0.0564105
学校01	138	4.2667	4.2246	3.4783	4.183	4.0381	−0.0619753
学校05	101	4.3564	4.1708	3.4257	4.1238	4.0192	−0.0978773
学校03	60	4.3	4.1875	3.4667	4.0417	3.999	−0.1361928
学校15	14	4.0714	4.0714	3.7321	3.6607	3.8839	−0.3541141
学校10	17	4.1235	3.9559	3.6029	3.7132	3.8489	−0.4204805
学校07	33	4.0576	3.9091	3.6288	3.6136	3.8023	−0.5088092
学校13	20	4.035	3.9625	3.45	3.7438	3.7978	−0.517259
学校18	7	4.1857	3.7857	3.3571	3.375	3.6759	−0.748233

二、选取个案的依据和四所个案学校的特征

表5-23的数据显示，学校教师专业化成长方式测量值相对高或相对低两个层次的四所个案学校，分别是新办公办学校中Z分数较高

的A学校和较低的B学校，旧办公办学校中Z分数较高的C学校和较低的D学校。个案选取的依据一方面是根据量化的数据结果，另一方面也考虑了个案学校在坪山区的典型性，尽可能做到可比性。

表5-23　四所学校在各维度的描述性分析

学校代码	学校样本数	自我增值	教学应用	学习反思	组织学习	总均值	总均值Z分数
A学校	70	4.46	4.3607	3.6893	4.4018	4.2279	0.29762
B学校	60	4.3	4.1875	3.4667	4.0417	3.999	-0.1361928
C学校	84	4.3667	4.1577	3.5506	4.3199	4.0987	0.0528321
D学校	101	4.3564	4.1708	3.4257	4.1238	4.0192	-0.0978773

06

第六章

个案学校的研究结果分析和讨论

第一节 个案学校A的研究发现与讨论

前文的量化结果显示，A学校的总均值Z分数在所有学校中处于相对较高的位置。本节主要研究个案学校A的教师专业化成长方式的综合表现相对较优的原因。A学校的教师通常如何进行自我增值，在课堂教学中如何应用，如何进行学习反思？学校层面如何组织教师学习？

一、学校历史背景和被访者简介

2010年9月，A学校诞生在发展潜力巨大、人文自然丰富的坪山区，它是坪山区为满足全区人民对优质教育的需求，高起点规划、高标准设计、高质量建设的第一所现代化优质九年一贯制公办学校。学校占地面积为40254.41m²，总建筑面积为23438m²，学校规模为73个教学班，生均占地11.86m²，生均建筑面积6.91m²。学校从全国各省市吸纳最优秀的教育人才，实施卓有成效的校本教研和校本培训，现已形成一支拥有290名任课教师的优秀师资队伍。本科率达100%，其中研究生46名；在职称方面，小学高级职称15名，中学高级职称30名。另外，学校还拥有一批优秀管理人才。

被访者信息见表6-1。

表6-1 被访者信息一览表

被访者编号	职务	性别	年龄	教龄	学历	学科	职称	名师类别
03GBCZMT01	科研主任	女	37	15	本科	语文	高级教师	不详
03GBCZST01	团委书记	男	32	8	本科	语文	二级教师	其他
03GBCZST02	学科组长	女	30	7	本科	物理	二级教师	其他
03GBCZST03	普通教师	女	22	2	本科	英语	暂无	其他
03GBCZST04	普通教师	男	47	26	本科	历史	高级教师	省骨干
03GBCZST05	学科组长	女	37	12	本科	美术	一级教师	其他

二、A学校教师专业化成长方式的量化结果描述

表6-2的数据显示，A学校在所有维度的总均值高于全区的总均值，Z分数达到0.29762，在4所质化研究对象学校中是最高的，同时鉴于在全区的重要地位，该校作为公办新办学校的分析代表是符合实际情况的，也是具有研究意义的。

表6-2 A学校教师专业化成长方式描述性分析

维度	A学校样本数	A学校的均值	A学校的标准差	总体的均值	总体的标准差
自我增值	70	4.4600	0.48913	4.3285	0.52609
教学应用	70	4.3607	0.51011	4.2161	0.57092
学习反思	70	3.6893	0.66135	3.6149	0.71157
组织学习	70	4.4018	0.56941	4.1239	0.65532

三、A学校个案的研究结果和讨论

通过深入学校现场了解和教师访谈，整理分析A学校的相关资料和访谈稿，下文拟从教师专业化成长方式的四个维度，即自我增值、教学应用、学习反思和组织学习几个方面来探讨。

（一）自我增值

研究发现，A学校教师能够迅速适应岗位，从日常教学中能够发现自己存在的问题，或是总结过去所形成的工作遗憾，抑或是当前状态下所遇到的瓶颈，而且能自己或在别人的帮助下寻求解决问题的方法，并为之努力。

教师成长的瓶颈大多是五年以后的成长困惑期，主要原因还是对自己发展的定位不够清晰，没有一个清晰可行的计划和目标，同时缺乏教育理念的引领。就个人而言，计划汲取更多的教育智慧和理念，对自己的职业规划有一个清晰的梳理，同时不断地学习和探索思考，让自己能够有一个清晰的成长路径规划。（03GBCZST01ZW01）

在我上课的第一个月，由于学校刚刚开办一年，很多实验器材都没有，我就用电脑进行视频教学，校长随堂听课，我遭到了严肃的批评，后来不管在什么情况下，对于物理课该做的实验，我努力克服困难去设计实验。后来我也逐渐学会了利用身边的物品设计实验。（03GBCZST02ZW01）

我希望能请名师到我校指导我们上课，更希望他们能上一节课，而不仅仅是理论，让我们能在实践中学习。（03GBCZST02ZW02）

我计划多看看德育方面的书籍，多请教经验丰富的教师并进行总结反思，探索出适应自身的管理方法。（03GBCZST03ZW01）

最重要的是要有创新意识，敢于尝试，并持之以恒。（03GBCZST04ZW01）

对一个执教者来说，最重要的就是听取不同人的意见，然后融入自己的思想。（03GBCZMT01ZW02）

另外，该学校教师职业认同度较高，认为要快速成长或度过倦怠期，首先要提高对教育的认同感，要从根本上进行心理建设，然后才是专业技能上的提高。

有的教师可能成长较为缓慢或有倦怠期，主要原因一方面是对教育的认同感还不够强，另一方面就是缺乏有效的指导和学习。教师成长包括专业成长，更包括心理成长，心理成长是基础，所以要从根本上进行心理建设，这就需要整体的联动和引导，让教师能够以做教师为荣。同时，给自己的教育成长制订一个计划并为之努力践行，成长中要寻求同伴的帮助，要获取外在的资源，要进行必要的内省。（03GBCZST01ZW02）

（二）教学应用

研究发现，A学校教师对本校的课堂深度改革较为认同，学校促进面较广，教师能够通过课堂将教育智慧传递给学生；同时，教师有兴趣进行教学创新，尝试学科融合、改进教具，通过多途径让课堂更为有趣与高效。

我所在的学校正在开展"平实教育""生本课堂"活动，这对于教师的成长是大有裨益的。学校层面进行引领，教师发挥才智，把教育智慧通过载体传递到课堂和学生心中。（03GBCZST01JX01）

发现新的教学方式，进行教学创新。比如把音乐和物理课进行融合，改进教具，让课堂更加有趣、更加高效。（03GBCZST02JX01）

在学科教学上，教师要善于动脑，勇于创新，用新的理念、新

的教学方式、新的技术，提高教学效率。在德育工作中，班主任经历最锻炼人。（03GBCZST04JX01）

A学校的教师还积极承担各级各类同课异构、公开课、比赛课等活动，从中学习他人，精进自己，从而推进自身的发展。其中一位名师提到了自己的赛课心路历程，他认为那一次的磨课与赛课是刻骨铭心的，也从那次活动后，懂得了成长的一些窍门。

磨课的时候，我师傅讲了一句话：你想去参加任何一个比赛，或者你想参加任何一个公开课或者展示课，首先要了解你的课型，每一个课型都会有它自己的规律，如果你不把它的规律摸清楚的话，哪怕你自己觉得这节课上得再成功，它都是不成功的，因为你的教学目标不明确，教学重点不突出，所以看似很成功的一节课，其实它是不成功的。（03GBCZMT01JX02）

在平时的工作中，认真做好备、教、改、辅、考等基础性工作，多学习多听课，勇于承担科组内的公开课以促进自身的发展。（03GBCZST03JX01）

多参与校区内的各式各类比赛，在比赛中学习成长，从而推进自身的发展。（03GBCZST03JX01）

（三）学习反思

从访谈结果发现，A学校教师以阅读与积累、对课堂的反思作为内化的主要手段，以扩展自己的学科视野，加深学科教学深度。同时，A学校教师愿意将思考形成文字记录，内化为自身的教育本领和智慧。

最重要的就是阅读和"走出去"。通过阅读反思教育问题，扩展自己的学科视野和学科教学深度，通过"走出去"汲取更多的教育理念和方法，能够在专业上有所成长。阅读主要是做好反思和积累，同时把自己的思考写成文字记录下来，这是一笔很大的财富。只有不断地反思和积累才能将所学化为自身的教育本领和智慧。（03GBCZST01XX01）

每节课的课前我都先认真做好备课工作，思考上课流程，写好教案。课上完了之后，我认真思考这节课的不足之处，与同事交流自己的疑惑并且详细记录。（03GBCZST03XX02）

有的教师能意识到自身的不足，有的教师甚至能开展相关研究，总结经验，形成课题，付诸行动，以实现从经验型教师向研究型教师的转变。

我在科研方面比较欠缺，主要是因为长期在一线从事教育教学工作，还没有从经验型教师转为研究型教师。应加强课题研究，将教育教学中遇到的实际问题展开研究，同时需要进行理论方面的培训。（03GBCZST04XX01）

那一次评课之后，我开始研究语文教学的不同课型及其具体规律。（03GBCZMT01XX01）

这堂课让我有了一个更深的领悟，这个领悟就是课一定要有主线。（03GBCZMT01XX02）

那一次评课之后，我写了一篇教学反思，教学反思让我对整个科组的建设有了很多的认识。我到教学处后，尝试着把这种氛围带到教研活动中去。（03GBCZMT01XX03）

大多教师在这个时候开始遇到瓶颈，我就想着怎么在这一节，在一个有限的教材里，在有限的时间里，能够达到教学效果的最优化。（03GBCZMT01XX05）

然而，该校教师表示，虽然思考了很多，但是教学理论的欠缺让所写的文字材料显得肤浅，研究方法的匮乏让研究无从下手，论文撰写方法的不足让水平无法提高。

虽然思考了很多，但是由于教学理论不足，教学论文不知道如何写，也不知道有什么更好的方法来提高研究水平。我希望有相关的培训，有专家推荐书目学习，并能指出论文不足之处。（03GBCZST02XX01）

（四）组织学习

虽然C学校作为一所新校，但名校长让学校的管理与运转较为高效，近年来各项办学业绩在区内首屈一指。教师对学校的组织学习比较认同。学校通过蓝青工程、平实课堂、生本教育、金麒麟教师评价体系等从横向与纵向促进教师的发展；善于搭建展示平台，分类组织教师，如班主任、科组成员等，围绕不同的主题进行展示发言、经验分享。

学校在促进教师成长方面下了大功夫、大力气。比如蓝青工程、走出去活动、平时课堂、生本教育、智慧课堂、金麒麟教师评价体系等都从不同的层面和角度促进了教师的发展。希望学校能够一如既往地关注教师的成长，为教师的成长搭建更广阔的平台。（03GBCZST01ZZ02）

我们有部门组织，如举办班主任总结大会的时候，我们进行经验分享。以前我在教学处的时候刚好赶上推动课程改革，每个学期会进行2~3次经验分享。（03GBCZMT01ZZ01）

教师比较倾向团队学习，认为它是一种更高层次的成长，相对于个人成长，它具有协作的优点，能更大限度地发挥作用。教师可以从团队中取长补短，彼此学习，相互交流。

共同成长是更高层次的成长，因为教育是一个整体，只有团队协作才能更大限度地发挥教育的效能，才能够将教育做深做好。

（03GBCZST01ZZ01）

团队成员各有所长，但是彼此交流较少，并不能取长补短。因此要加强团队建设，彼此学习，取长补短。（03GBCZST02ZZ02）

在团队中，我们可以相互学习，相互交流。自己想不到的方面，队友可以补充，这样获得的成长会更多。（03GBCZST03ZZ01）

关于教师需求，集中在邀请各学科的专家进校，对教师进行跟踪辅导，或以学习共同体的方式进行结对帮扶。学校管理部门有明确的组织学习设想——组建课程开发团队，将团队成员的思维发散。

希望能邀请各学科的专家进校，对各科组的教师跟踪辅导，以取得最大的成效。（03GBCZST03ZZ02）

专家以学习共同体的方式对教师长期跟踪辅导，或结对培训，能更好地促进青年教师成长。（03GBCZST04ZZ02）

现在我们的新教师对课题和课程非常感兴趣，上次我们发了一个深圳市第二批好课程评选建议，就有好多教师过来咨询。现在就是教师很想开发属于自己的校本课程，或是与我们课堂相匹配的校本教材，他们的热情非常高。于是我就想下学期组建一个课程开发的团队，让有兴趣和有热情的教师加入，这对教师的成长比开论坛更加有效。因为凡是想开发教材的教师，基本上都是对自己的教学做了思考的。我可以组个团队，一个领头人可以把自己的思维发散开，可以带动一个团队。（03GBCZMT01ZZ02）

四、A学校的成长方式的特征小结

A学校建校至今将近10个年头，作为一所九年一贯制的学校，已经走过一个大循环。建校伊始，学校引进全国知名校长，办学起点高，管理水平高，学校的规章管理制度比较完善。

学校教师对教师职业的认同感很强，认识比较全面，知道比教师专业技能建设更为高位的是心理建设。他们不仅能够适应岗位，发现自身问题，更难能可贵的是能够发现解决问题的方法。

学校积极推进课堂改革，教师也认可学校一系列的课堂改革，在学校的部署和指导下，积极参与，认真研究，相互学习，真正地从教学改革中提升自己的教育教学水平。教师具有创新精神，积极进行教学创新、学科融合、教具改进等创新性工作。

教师注重阅读与积累，作为扩展学科知识与学科教学知识的途径，善于提炼与升华，形成教学智慧，一些研究型的教师能够开展相关研究，在研究状态下工作，指导自身工作。

学校在组织学习方面较为成熟，做了大量工作，搭建了大量的展示平台，还设计了教师评价体系，引导教师有方向地成长与发展。教师较为倾向团队学习，认为能从中取长补短，相互学习与交流，促进更快成长。关于需求，教师希望邀请各学科的专家进校，进行跟踪式辅导，以共同体的方式学习。

第二节　个案学校B的研究发现与讨论

前文的量化结果显示，B学校的总均值Z分数在所有学校中处于相对较高的位置。本节主要研究个案学校B教师专业化成长方式的综合表现相对较弱的原因。B学校的教师通常如何进行自我增值，在课堂教学中如何应用，如何进行学习反思？学校层面如何组织教师学习？

一、学校历史背景和被访者简介

B学校为区全日制九年一贯制公办学校，办学规模为54个班，2014年9月开始正式招生，首届开办17个班，现有47个班，学生近1800名。该校创新办学体制和管理模式，由区政府和深圳市××俱乐部共同成立基金会，保障充足的办学条件和教育教学改革创新，在校董事会领导下实行法人自主办学。学校实施小班化、多语种特色教学，培养学生的国际化、现代化和个性化发展，构建具备八大素养的基础课程体系、特色校本课程体系、国际化精品课程体系。致力于建设现代制度学校、课改样板学校、国际生态学校、现代智慧校园，打造未来名校，培育国际英才。鲜明地提出了"大爱教育"的办学理念和"从爱出发，与爱同行"的行动口号。确定了"三有"人才的培养目标，即"有型"（强健的体魄和健康的心灵）、"有料"（广博的知识和扎实的技能）、有魂（高尚的情操和美好的创造）。明确了"朝下扎根，以大爱筑基弘扬孝善文化滋养民族情怀培育中华栋梁；向上茂盛，与世界接轨打造特色课程创建幸福校园绽放国际英才"的办学思想。学校现有任课教师128人，其中外籍教师1人，特级教师2人，南粤优秀教师3人，省市级以上骨干教师6人，高级教师15人，均具有本科以上学历。被访者信息见表6-3。

表6-3　被访者信息一览表

被访者编号	职务	性别	年龄	教龄	学历	学科	职称	名师类别
03GBCZMT01	科研主任	女	37	15	研究生	生物	一级教师	区级骨干
03GBCZMT02	年级组长	女	35	12	研究生	语文	一级教师	市名班主任
03GBCZMT03	妇女主任	女	50	29	不详	数学	高级教师	南粤优秀教师
03GBCZMT04	学科组长	男	43	20	本科	历史	高级教师	南粤优秀教师
03GBCZST01	学科组长	男	38	15	本科	体育	暂无	校级骨干
03GBCZST02	学术秘书长	女	41	18	本科	语文	高级教师	市级骨干
03GBCZST03	学科组长	女	36	13	本科	语文	一级教师	校级骨干
03GBCZST04	学科组长	女	42	20	研究生	英语	高级教师	其他

［注：表内的妇女主任指的是工会的女职工委员会（主任）］

二、B学校教师专业化成长方式的量化结果描述

表6-4的数据显示，B学校所有维度的总均值低于全区的总均值，Z分数达到-0.1361928，在4所质化研究对象学校中是最低的，同时鉴于在全区的重要地位，该校作为公办新办学校的分析代表是符合实际情况的，也是具有研究意义的。

表6-4　B学校教师专业化成长方式描述性分析

维度	B学校样本数	B学校的均值	B学校的标准差	总体的均值	总体的标准差
自我增值	60	4.3	0.48187	4.3285	0.52609
教学应用	60	4.1875	0.58336	4.2161	0.57092
学习反思	60	3.4667	0.78177	3.6149	0.71157
组织学习	60	4.0417	0.63557	4.1239	0.65532

三、B学校个案的研究结果和讨论

通过深入学校现场了解和教师访谈，整理分析B学校的相关资料和访谈稿，下面拟从教师专业化成长方式的四个维度，即自我增值、教学应用、学习反思和组织学习来探讨。

（一）自我增值

研究发现，B学校教师较为注重教学常规（上课、备课、学情分析、集体备课、教学反思），认为这是最重要的一种成长方式。

最为重要的一种成长方式是教学反思、听课。每次上完课，认真备课、备学生，提前准备好上课所需要的教具。集体备课时和同事分享探讨教学案例。（06GBCZST01ZW01）

但有教师对现状及未来表达出担忧，认为在当今的课堂上，教

师容易脱离学生，以较高标准要求学生，双方缺乏教与学的乐趣，最终将导致教育的失败。

缺乏与学生一起享受学习乐趣的热情。所谓学习的乐趣，对大多数教师来说，似乎已经是很遥远的事了。事实上，我们这些老师教育学生的失败往往就是因为缺乏童心，缺乏与学生一起享受学习乐趣的热情。老师常用成人的标准来要求学生，其实学生有自己思考问题的方式，他们对任何事物都感到新奇，充满了幻想，好游戏，爱提问题。可是有些老师总想把他们变成"小大人"，这种脱离年龄特点的教育很容易造成两代人的隔阂，很多是失败的。（06GBCZST02ZW02）

另有部分教师认为校内没有足够的优质资源，不能引领自己的专业发展；自己没有足够的主动性去跟随改革，需要行政手段介入推动；没有足够的理论基础与指导，不能支撑自己的后续发展。

我觉得瓶颈就是现在，就是我申请下了这个名师班主任工作室之后。我不知道接下来要怎么做，未来的三年要怎么做，因为这是深圳市第二批，我身边没有人在做，区里也没有具体的指导，市里面具体的细则也没出。（06GBCZMT02ZW01）

一开始就四个班搞，我带了三个年轻班主任。有两个年纪比较大的，不太愿意参与，后来就采取了行政手段介入。（06GBCZMT02ZW02）

教学10多年，有了一定的教学感悟与经验之后，感觉自己的理论水平严重缺乏，并且教学成长到了瓶颈期，所以自己必须系统学习了。（06GBCZST04ZW02）

一些名师具有自我调整的能力：一个基础教育成果奖获得者认为，深圳对教师的评价机制较为完善，能够有效地提升教师的积极性，使教师获得职业认同感；一些省级名师能够为自己制订发展计划，建立个人专业成长档案，调整自己的心态，寻求教育职业的热情。

深圳对教师的评价机制是很完善的，有各种具体的方案，所以我发现我的各种能力、特长是跟各种评价机制相吻合的，增强了我的职业成就感，得到了一种认可。（06GBCZMT01ZW01）

制订学科专业发展计划。认真分析个人专业发展情况，建立个人专业成长档案制度，保障个人专业发展不断提高，注重对个人的认知水平、职业素养、与学生亲善关系、关心学生个性发展等方面的评价。（06GBCZST02ZW01）

我觉得职业倦怠是自己的一个瓶颈吧。要调整心态，调整状态，找回自己当初选择教育职业的那种热情。（06GBCZMT04ZW04）

我觉得个人的主动内需是关键的。比如当班主任，印象中刚工作的前些年，我对班主任工作从来都不推辞，还希望学校能给机会。做班主任真的是对我帮助很大（现在不做了）。（06GBCZMT04ZW01）

（二）教学应用

研究发现，B学校的一些名师善于学习，将一些新的教学模式和班级管理模式应用于自己的课堂和班级管理中，并引导他人一起推广，形成共同体建设。

班主任想到了一个新的模式，在班里实施，实施之后问学生，听他们的反馈，然后对这种模式进行调整，找到一条最有用的途径。（06GBCZMT02JX01）

我们在做小组合作，想把这套模式推广一下，因为原来是我的班在做，那现在我做年级主任，希望面积更大一点。现在我的年级

都在做这个事情，我们各个班主任都会定期在一起讨论这个模式。（06GBCZMT02JX02）

我们做的是社会化管理，在这个"社会"中，每个学生都有一份工作，能领工资，可以购物、买房，就是社会化，体会到在社会上要付出才能有收获，才能被尊重。（06GBCZMT02JX03）

另有教师善于钻研课堂，认真对待示范课、比赛课，不仅能从教学内容备课，还能从教育理论、教育理念、教学方法备课。

我在市级的说课比赛中得了一等奖，那个课题我在赛课之前做了充分的准备，在教学方法上进行了精心的设计，因为只有10分钟，在表达上也练了很多遍，包括时间上的把握、演讲的技巧，当然我觉得最核心的还是课的内容，是关于教学理念、教学方法上的新颖性。（06GBCZMT01JX01）

首先要找到自己的理论依据，刚好课堂教学评价是我研究的领域，所以我做了大量的理论上的准备，而且看了不同的人对这节课的设计。另外，因为这是实验课，关于实验的科学性必须论证一下，我看不同文章，确认它是准确无误的，再结合自己的一些思考，进行融合改进。（06GBCZMT01JX02）

（三）学习反思

从访谈结果发现，B学校的教师认同研究对于一个教师的成长至关重要。学习反思途径基本上是阅读、撰写心得、观看课堂实录、撰写论文等。

阅读了大量的教育类书籍，并撰写读书心得；对每节课进行课后反思，形成文字，甚至形成教研论文；看名师课堂实录，积极参加各种教学比赛，在活动中成长。（06GBCZST03XX01）

最为重要的一种方式是看名师教学设计或论文。（06GBCZST03XX02）

我主要是在学科方面非常努力，并取得了一点成效。在成长的过程中我阅读了大量的专业教育类书籍与杂志，经常写教学反思，并不断改进课堂，积极参加各种教学比赛。（06GBCZST04XX01）

然而，在他们的眼里，从教多年仍停滞不前的教师往往仅限于通过自己"刷题"带领学生"刷题"，一个毫无研究意识的教师，培养的学生也不可能学会反思总结。"经验+反思"应该成为教师成长公式。"教而不研则浅，研而不教则空"，教研是为了更高效地教学。

缺乏研究型教师的素养，教学效率低下。从教多年，很多教师只是照本宣科，没有自己的思想和见解。美国心理学家波斯纳提出过一个教师专业成长的公式：成长=经验+反思。一个教师要想做到有效教学，除了要努力实践、总结经验外，还要善于结合实际，有针对性地提高教学素养，在研究中成长、进步。（06GBCZST02XX02）

加强案例研究，把教学所遇到的问题及处理方法写成"案例"，有助于提高教学分析能力与反思能力，大大缩小理想与实践之间的差距。（06GBCZST02XX01）

尽管如此，访谈中该校的名师表示，自己最大的不足是撰写论文。这与量化结果中学习反思维度分值偏低是相符的。

我自己最大的欠缺就是不会总结，没有形成理论。我总是觉得没有时间去写。不过，我在准备评高级的时候，专门准备了三年，逼着自己写文章，最后也发表了一些，评上了高级，突破了瓶颈。（06GBCZMT03XX01）

讲到写东西我就有点惭愧，这刚好是我最需要学习的地方。课题方面是我的短板，这块应该是我后面工作的一个重心或方向。以前我都是抓班级管理，抓教学，但是懒于总结，懒于形成文字性的东西。（06GBCZMT04XX01）

（四）组织学习

关于组织学习方面，该校教师提到最多的就是学校举办的论坛。该论坛面向全校表现较为突出的教师，根据不同的主题而定，集中一批展示，每学期约三次。这种学习的分享，多集中在青年教师群体之中，还有小层面的分学部、年级、学科等不同层次的分享。

××论坛是某些方面有优势的、突出的校内的老师给全校老师做讲座。一个学期三次以上，一次有五六个人，每个人15分钟以上，根据不同的主题而定。比如要申报课题，就将几个课题集中起来，我和××主任给予指导，解决课题中的困惑，效果还可以。（06GBCZMT01ZZ02）

我们学校申报了成立班主任工作室。我们年级成立了一个班主任交流小组，我带着几个班主任进行经验分享。（06GBCZMT02ZZ03）

分享有全校的分享、分部的分享（初中部和小学部）、年级的分享和学科的分享，根据不同的层次来分享。（06GBCZMT04ZZ03）

关于个人学习成长与团队学习成长，教师比较倾向团队学习成长，认为集体性的教研、跨学科的交流，能集合大家的智慧达到共赢。个人成长是基础，是内因，但是团队成长不仅能带来知识的互补，成功机会的增加，平台的搭建，还能够从氛围上激发每一个人的精神动力。

构建"合作发展型教研组",充分发挥教研组的作用,通过跨学科交流、集体性教研,促进教师团队成长。(06GBCZST02ZZ01)

我更趋向于团队的学习,但个人与团队是相互依存的。一方面,个人生活在一定的集体中,离不开团队;另一方面,团队是由个人组成的。个人的一言一行都会影响整个团队的利益和发展。(06GBCZST02ZZ02)

师徒结对,效果一般。学科和备课组团队打造共荣共损的制度,设立名师工作室,带动青年教师成长。(06GBCZST03ZZ02)

我觉得一是个人要有内驱力,二是团队,平台太重要了,因为平台可以给人提供很多机会。跟优秀的人在一起,就会觉得追求优秀是正常的表现。(06GBCZMT01ZZ04)

我觉得团队更重要,就像班级有班风,学生才会一起共同奋斗,否则就会你不努力,我不努力,大家都不努力。(06GBCZMT02ZZ02)

个人成长和团队学习共同成长,两种成长方式是相辅相成的,总的来说,个人成长是基础,团队学习共同成长是推力,在个人学习的基础上,团队学习共同成长是非常重要的,因为个人在团队里面,可以在交流中发展,在碰撞中提升,并且团队最大的优势是取长补短。(06GBCZMT04ZZ01)

关于需求,从操作层面上来看,被访谈的教师表示希望校外专家团队进驻学校,定期与学科组共同开展活动,手把手地在课程教学上指导教师。

如果学校能邀请一个名师团队,定期到校与学科组共同开展活动,指导教师,会更有利于教师成长。因为外出学习会影响我们的

课堂教学。（06GBCZST01ZZ01）

我们学校现在主要做的就是邀请名师、专家来校进课堂观摩，来的频率也高，听的课也多，指导的课也很到位。他们中有的是一线的老师，有的是退休的老师，无论是哪种类型的老师，我觉得都给我带来很大的帮助。（06GBCZMT04ZZ02）

从机制上，搭建公开课、沙龙等展示平台，甚至开展学校之间的联谊活动，能听取教师的意见，寻求成长的发展平衡点，实现教育的意义。

关于青年教师培训，科组内开展公开课比赛，学校为各学科邀请了名师，进行校内外的师徒结对，拓宽了教师的视野，提供了更好的学习平台。（06GBCZST01ZZ03）

我希望学校能够开展一些兄弟学校联谊活动，不局限于同课异构，还可以是辩论赛、读书分享等。（06GBCZST01ZZ04）

我希望能通过协商与沟通，达到师生之间、师师之间、师校之间的相互理解，从而实现教育的意义。（06GBCZST02ZZ04）

四、B学校的成长方式的特征小结

B学校建校至今已将近5个年头，作为一所九年一贯制的学校，只经历了半个大循环。建校至今，B学校已经历两任校长，不同的管理理念在一定程度上会影响办学思路与办学方向。建校时间较短，新校长与学校的"磨合"等方面有待进一步加强。

对于只有几年建校历史的学校，师资主要由两大部分组成："新教师"和"引进名教师"。由于缺乏教学经验，新教师更为注重"备课、教学、批改作业、复习、考试"等最基本的教学常规。近年来，新校长特别注重在全国范围内引进名师，但目前来说，优质师资的学科不均衡分配，使部分教师认为校内没有足够的学科专业引领人。而业已成名的教师则具有强大的自我调节能力来适应新学校。这也是建校历史较短的学校的"通病"，相信教师群体的有效整合与调整，能够使该校迅速改观此状况。

从教学应用方面看，该校的名师善于钻研课堂，所进行的一些教学改革和班级管理改革已经发挥一定的引领作用，但是辐射的广度与深度仍需要一定的时间沉淀与一定力度的推动。

从观念上看，教师认同学习反思是教师成长至关重要的因素，学习反思往往是通过阅读、写作等途径完成的。然而，和其他学校教师一样，写作依然是该校教师成长的"薄弱点"，名师的成长却离不开这一点。如果反思是对自己的思维认知的过程循环的一个检验过程，那么写作就是"反思"的一个"物化成果"体现。

该校举办了一个与学校同名的论坛，是一个很好的让教师展示才能与学习心得的舞台，得到了大多数教师的认可。团队学习方面的渴望更加强烈，这在一些处于成长瓶颈期的教师身上表现得尤为明显。因此，希望校外专家团队进驻指导成了教师的迫切需要。

第三节　个案学校C的研究发现与讨论

前文的量化结果显示，C学校的总均值Z分数所有学校中处于相对较高的位置。本节主要研究个案学校C教师专业化成长方式的综合表现相对较优的原因。C学校的教师通常如何进行自我增值，在课堂教学中如何应用，如何进行学习反思？学校层面如何组织教师学习？

一、学校历史背景和被访者简介

C学校创建于1949年，现有教学班36个，学生1800人，教职工160人，其中专任教师149人，特级教师2人，南粤优秀教师2人，省、市、区级名师共18人，高级教师32人，研究生学历22人。学校非常关注教师成长，每年都要选派优秀教师到国外或省外学习培训，也请专家团队到学校一对一指导，现在已建立市级名师工作室2个，区级名师工作室3个，校级名师工作室9个。

近年来，学校秉承"和谐兴校，文化铸校"的办学理念，孕育了"求真求实，同心同乐"的学校精神，形成了"乐学、勤学、求实、创新"的学风和"崇德、尚本、笃实、协和"的校风。学校先后获得全国优秀家长学校、全国青少年"五好小公民"主题教育活动示范学校、广东省一级学校、广东省德育示范学校、广东省依法治校示范学校、广东省中小学教师培训实践基地、广东省绿色学校、广东省现代教育技术优秀实验学校、深圳市办学效益先进单位、深圳市教育系统先进单位、深圳市书香校园、广东省规范汉字书写教育特色学校、深圳市阳光体育先进学校等荣誉。被访者信息见表6-5。

表6-5　被访者信息一览表

被访者编号	职务	性别	年龄	教龄	学历	学科	职称	名师类别
04GBCZMT01	教导主任	男	50	26	本科	数学	高级	南粤优秀教师
04GBCZMT02	校长	女	50	27	研究生	物理	正高级	特级教师
04GBCZST01	班主任	女	31	6	研究生	地理	一级	无
04GBCZST02	班主任	女	34	13	本科	生物	一级	无
04GBCZST03	备课组组长	男	30	8	本科	数学	二级	无
04GBCZST04	团委副书记	男	36	13	本科	体育	一级	校骨干
04GBCZST05	学科组长	女	32	10	本科	物理	二级	校骨干
04GBCZST06	学科组长	男	39	18	本科	英语	一级	无

二、C学校教师专业化成长方式的量化结果描述

表6-6的数据显示，虽然C学校在教学应用和学习反思维度的均值略低于总体平均值，但自我增值和组织学习维度的均值在总体平均值之上，而且该校所有维度的总均值高于全区的总均值，Z分数达到0.0528321。另外，鉴于在全区的重要地位，该校作为公办旧办学校的分析代表是符合实际情况的，也是具有研究意义的。

表6-6　C学校教师专业化成长方式描述性分析

维度	C学校样本数	C学校的均值	C学校的标准差	总体的均值	总体的标准差
自我增值	84	4.3667	0.57881	4.3285	0.52609
教学应用	84	4.1577	0.64796	4.2161	0.57092
学习反思	84	3.5506	0.68083	3.6149	0.71157
组织学习	84	4.3199	0.55406	4.1239	0.65532

三、C学校个案的研究结果和讨论

通过深入学校现场了解和教师访谈，整理分析C学校的相关资料和访谈稿，下面拟从教师专业化成长方式的四个维度，即自我增值、教学应用、学习反思和组织学习来探讨。

（一）自我增值

研究发现，C学校教师注重通过自我增值方式，提高自身专业化水平。从宏观角度看，个人对自己的职业要有规划，要先剖析自己的优劣势，再明确努力方向。

对自己的职业要有规划，2008年的时候，我是龙岗区第一批

名师培养候选人，当时我也是中心组成员，制订了职业规划。（04GBCZMT02ZW03）

成长路上要给自己树立榜样，榜样的力量很强大，就像大海上的灯塔能作为航标，指引前进的方向。从另一个角度看，成长就是不断地缩短与榜样之间的距离。

在自己成长过程中，必须有榜样的力量，或者寻找一些"灯塔"作为自己的航标，如苏霍姆林斯基、魏书生，这两个人是我比较仰慕的对象。现在也会找一些传记来看，建议大家也找一些传记来看，包括中国的十大皇帝的成长过程，他们的一些传记会对我们的成长过程很有帮助。他们会成为榜样，为我们引导方向。（04GBCZMT02ZW02）

从微观角度来看，自我增值关键在于通过多种途径学习，提升自我，而这是一个潜移默化的过程，需要长期的积累，同时模仿和学习身边的榜样（如名师、同伴）。而学习共同体的形成更能帮助发现自己的不足，进行不同思维的交流和碰撞，相互促进成长。

前期要有一些积累，在水面以下干的这个活，就好像第一个五年，甚至第二个五年，你都没有得到别人的承认。就是说你干的基本上是默默无闻的活，但是很久之后你才知道这个是在水面下慢慢积累的。现在说得好像很空洞，但是确实路是这样子的。（04GBCZMT01ZW01）

一是经常向前辈学习。二是听课评课，认真完成每一次的听课评课都会对自身有提升。三是经常向年轻的同志学习，对自己也会有提升。（04GBCZST02ZW02）

经常阅读生物学方面的书籍，汲取新鲜血液，了解前沿内容，把最新知识融入课堂，让孩子们能够对学科知识产生兴趣，知道生

物知识与生活联系非常紧密。经常参加校名师工作室的活动，提升自己。（04GBCZST02ZW01）

毕竟个人的知识面与思维方式都有局限，在一个优秀的团队里，我能从别人身上学到很多东西，体会到不同思维之间碰撞的美妙。（04GBCZST05ZW02）

（二）教学应用

研究发现，C学校教师能不断地学习相关理论知识或教学方法，并尝试在课堂上进行实践，从而加深对理论的理解，最终达到螺旋式上升。

教师专业发展是从理论到实践，再从实践到理论的螺旋反复过程，需要教师在亲身体验的基础上，不断地应用，再结合行动进行反思以逐渐发展。在这不断发展过程中，教师的教学教育技能也在逐渐地提高。希望学校改进评价机制，为教师提供进一步发展的平台。（04GBCZST06JX02）

教师在教书的过程中不能放弃学习，不能故步自封，不能停滞不前。（04GBCZST02JX01）

C学校教师珍惜比赛课，在课堂上提升教育教学技能；通过同课异构研讨课等活动，进行学科内甚至跨学科的相互学习；能将所学反复尝试、加以改进，以改善自己的课堂。

在观摩学习、比赛中自我反思。积极参加相关比赛、研讨活动，结合自身的教学进行反思、尝试、改进。（04GBCZST01JX01）

我会积极参加一些评比活动来提升自己，包括赛课。我会尽力地、积极地做准备去参加活动，并且认为必须有这样的一个平台。通过前前后后准备的过程，比任何时候都成长得快。（04GBCZMT02JX01）

我会经常听我好朋友的课，虽然我们不是同一个学科，但是她的课堂感染力非常吸引我，我学到了她的很多教学方式，如"一站到底""互问互答"等。我也会应用到我的课堂上，孩子们很喜欢。（04GBCZST02JX02）

教师谈到自身成长遇到瓶颈后，能适时进行调整，并尝试找出突破的方法。

课堂教学的效率难以提高，学生基础不一样。研究并实施分层教学，教学更有针对性。（04GBCZST04JX03）

教学类活动与比赛可以从校级一直到省级。另外需要一个团队，如名师工作室。（04GBCZST04JX01）

针对不同发展需求的老师提供不同的资源和机会。（04GBCZST01JX02）

（三）学习反思

教师大都认为学习反思是教师成长的关键所在，而且在被访谈的对象中，教师对学习反思的感悟是最深的。他们不会停留在头脑中的反思，而是习惯于形成文字。

有些重要内容的课，如果教后很不满意，我就反思，尽量形成文字，并且我会将这些反思运用到我的下次课堂中，我希望我每一天能给学生清晰而有创意的课堂。有些教学反思，我会进一步归纳提升，形成文章，并发表。教学实践+反思+再教学实践，形成一个良性的循环。（04GBCZST03XX02）

我能从别人身上学到很多东西，但我自己的思考、实践、反思才能最大限度地促进我的学习。（04GBCZST03XX04）

我阅读了大量的教育类、本学科专业类以及其他学科的书籍，并不时撰写读书心得或与其他同事交流感想；对每节课进行课后反

思，形成文字，及时修正讲学稿与教学设计，甚至形成教研论文。（04GBCZST05XX01）

最为重要的一种方式是教学反思与阅读。（04GBCZST05XX02）

每次上完课，我都会及时记录教学反思，并以电子文档的形式保存，以便于不断更新。我会及时修改和调整教学设计与讲学稿，并将这些反思运用到下一次的课堂中，希望在每一次重新讲同一节内容时，设计可以更精良，更能符合学生的认知规律。（04GBCZST05XX03）

名师更是学习反思的坚定主义者。不论是从思想上还是行动上，他们热衷阅读，坚持对教学、班级管理、课堂管理进行思考，并进行反思。他们认为重在积累与坚持，强调知识的内化，这虽耗时，却是一条成长的捷径。

我经常讲三点，第一个是阅读，第二个是思考，第三个是反思。（04GBCZMT01XX02）

在班级管理上，我一件事一件事地记录下来，反思怎么把一个学生教好，我记录了很多案例。（04GBCZMT01XX03）

我认为反思分为两个方面，第一个是班主任工作反思，第二个是教学反思。给年轻教师提建议时，我会跟他们反复强调，若要成为优秀教师，反思其实是最快的一条路。（04GBCZMT01XX04）

不论是从C学校个案还是全区总体来看，学习反思的均值是所有维度中最低的。究其原因，一是学习反思涉及课题研究、文字撰写，是教师认为最难做到的；二是相对于其他三个维度来说，学习反思更多的是停留在态度层面，而非行动方面，即"我知道要这样做"，但"我没有这样做"。可见，学习反思是教师成长的难点所在。

对比我的个人成长，我认为现在老师很少反思。其实以前的赛课是没有反思的。现在我们不光是让老师把反思写下来，还要说出来。没有思考的话，做的事情就少了魂。就算工作很忙，人还是要稍微闲一些，闲暇出智慧。（04GBCZMT01XX05）

（四）组织学习

C学校注重组织学习，这是该校教师专业化发展的有力保障。C学校的主要组织学习方式为：师徒结对、建立名师工作室、外出学习、任务驱动、研讨课、教学比赛等，这些都是非常有效的措施。该校的教师对学校的组织学习行为满意度较高，也认为取得了比较好的效果，取得了一定的成绩。学校有明确的规划和系统行为，形成了读书季（7月、8月、9月）→赛课季（10月、11月、12月）→反思季（1月、2月、3月）→命题季（4月、5月、6月）这样一种循环。

学校组织了师徒结对、名师工作室、校内外学习交流等，主要是看个人能否很好地使用这些资源。（04GBCZST01ZZ01）

学校组织了师徒结对、校名师工作室学习共同体、科组展示、班级展示、班主任风采大赛等。关于团队建设，学校还时常为各学科邀请了名师，进行校内外的交流展示，拓宽了教师的视野，提供了更好的学习平台。（04GBCZST03ZZ02）

名师工作室、请专家指导、外出学习等，取得了比较好的效果，并取得了一定的成绩，也促进了新教师的成长。（04GBCZST04ZZ01）

对于年轻教师的培养，我们尽力地引导他们去成长。同时，我现在的学校成立了一些工作室，去带一些优秀的团队。但我觉得任务驱动对他们的成长是更好的方式。（04GBCZMT02ZZ01）

关于团队学习，该校教师是比较支持与认可的。团队学习是一个组织的集体性学习，作为学习型组织进行学习的一个基本组织单位，能够促进个体之间的相互学习、相互交流与启发、共同进步。但不可否认的是，个人成长内驱力是第一要素，团队只是为个人的奋斗提供了良好的环境基础。另外，从访谈内容看，年轻教师更强调团队学习，成熟教师或名师更强调个人因素。当然，这也是在教师不同的成长阶段"个人学习"与"团队学习"的"友好博弈"。

说句实在话，你肯定不能离开团队。教师这些活，你一个人是做不好的。你一个人可以把一个学生或一小部分学生教得很好，但是你不可能把整个班的氛围搞好。班集体是你一个团队，还有科组团队，还有学校整个大的团队，虽然这里面会有些矛盾，但是你必须有一定的团队知识，因为教育是讲究大环境的，你没有大环境，肯定做不了教育，而个人奋斗一定要建立在良好的环境基础上。（04GBCZMT01ZW02）

我觉得自身是最重要的因素，其他都是外因。外因是需要通过内因起作用的。我觉得有些东西是不谋而合的。在看一些资料、文献、名师成长、传记的时候，我都会找到一些相同点。（04GBCZMT02ZW01）

虽然自身因素很重要，但是氛围会提高整体的水平，为什么要有仪式感？因为要营造一种氛围。环境会促进个人更加优秀。学校办得好，会促进个人成长得更快。（04GBCZMT02ZW04）

另外，C学校的教师希望学校能采取有效措施，如邀请名师团队定期到校与学科组共同开展活动，甚至是一对一的指导；活动范围更大一些，包括校际辩论赛、读书分享会等。这从另外一个侧面反映出该校教师强烈要求主动成长，也就不难理解为何C校教师的自我增值维度高于全区平均值。

我个人会努力规划，然后思考、阅读、积极践行。如果学校能邀请一个名师团队定期到校与学科组共同开展活动，指导教师，对教师成长会更有利。（04GBCZST03ZZ01）

我希望学校能够开展一些兄弟学校联谊活动，不局限于同课异构，还可以是辩论赛、读书分享等。我还希望学校给教师留一些思考的时间。只有从容，才能给教育一片宁静。（04GBCZST03ZZ03）

请专家进校一对一进行指导，教师多外出学习。（04GBCZST04ZZ01）

希望学校能够提供形式多样的学习机会，如读书心得交流、出题比赛、评课技巧交流和科研活动开展等。（04GBCZST05ZZ01）

四、C学校的成长方式的特征小结

C学校建校时间长，现任校长已经管理该校10年，精细化的管理、丰富的管理经验、高位的办学理念和一贯的管理思路使得该校的办学水平近年来在全区名列前茅。

该校的师资较为稳定，年龄结构较为合理，名师资源学科分布较为均衡。被访谈的教师表示对自己的职业有规划，能够对自己的成长进行合理分析，并明确努力方向，也能通过个人学习和榜样学习、多种学习途径提升教育教学水平。

该校教师的个人素质比较高，珍惜比赛机会，也热衷参加同课异构、学科教学比赛、相互听课等活动，在这些面对面交流互动中，大家共同探讨教学中的热点难点，从多维度、不同风格、不同策略中碰撞出火花，将新的教育教学方法或教学模式应用于课堂实践中。据资料显示，在某一学期的"新教育杯"教学比赛中，该校教师几乎囊括了所有学科的一等奖第一名。这与该校的成长环境与推力密切相关。该校的教师也有很强的"自动偏航提醒"能力，能较好地处理成长瓶颈问题。

该校教师普遍认为学习反思是教师成长的关键所在。教学水平可以通过教学实践来提高，但一定是通过学习反思来升华的。反思是新课改对教师的要求，也是促进教师专业化的要求。通过学习反思，可以有效地促进教师提高业务能力水平、理论素养，开阔视野。该校被访谈的名师从行动上践行"学习反思"，长期坚持不断记录教育故事，获得更好的专业成长。

该校教师呈现出集体性成长的良好态势，与学校重视组织学习有密切的关系，组织学习是教师专业化发展的有力保障。组织学习不是个体学习的简单叠加，是个人（教师）与组织（学校）的交互行为，同时涉及组织与外部环境的作用。从访谈内容来看，该校已经形成了一个较为成熟的、面向全体教师的系统学习工程（读书季、赛课季、反思季、命题季），糅合了各项重要的专业发展技能，并得到教师的广泛认可。

目前该校的组织学习方式较为丰富，对团队学习也较为认可。但该校教师仍希望有校外团队定期进校交流，甚至是一对一地指导，学校组织跨校专业联谊活动。

第四节　个案学校D的研究发现与讨论

前文的量化结果显示，D学校的总均值Z分数在所有学校中处于相对较低的位置。本节主要研究个案学校D教师专业化成长方式的综合表现相对较弱的原因。D学校的教师通常如何进行自我增值，在课堂教学中如何应用，如何进行学习反思？学校层面如何组织教师学习？

一、学校历史背景和被访者简介

D学校始建于1906年，由南洋爱国华侨捐资，仿"上海南洋公学"（今上海交通大学）中院兴建的一所当时全国首屈一指的新型学堂，它开南粤近代教育之先河。

该校目前是一所省一级初级中学。学校占地面积60000平方米，建筑面积22000平方米。现有教学班32个，在校学生1460人；专职教师105人，学历达标率100%，其中研究生学历8人，高级职称7人，市、区级骨干教师和学科带头人8人。学校设施设备齐全，有综合实验楼、教学大楼、校史楼各1栋，各类功能室20间，如多媒体电教室、课件制作室、电子阅览室；体育场所有400米塑胶跑道运动场、标准篮球场、羽毛球场、网球场等；图书室共有藏书56350册，人均藏书45册。被访者信息见表6-7。

表6-7　被访者信息一览表

被访者编号	职务	性别	年龄	教龄	学历	学科	职称	名师类别
05GBCZMT01	副书记	男	56	38	本科	道德与法治	高级	其他
05GBCZMT02	工会主席	男	56	38	本科	历史	高级	市级骨干
05GBCZMT03	信息中心主任	男	54	30	本科	英语	高级	区级骨干
05GBCZMT04	教务主任	男	46	24	本科	物理	高级	区级名师
05GBCZMT05	副校长	男	50	28	本科	语文	高级	区级骨干
05GBCZMT06	班主任	女	30	7	研究生	物理	一级	其他
05GBCZST01	年级组长	男	34	11	本科	生物	一级	校级骨干
05GBCZST02	学科组长	女	35	12	本科	音乐	一级	其他
05GBCZST03	班主任	女	35	9	本科	历史	二级	其他
05GBCZST04	学科组长	女	38	15	本科	语文	一级	区级骨干
05GBCZST05	备课组组长	女	25	3	本科	地理	暂无	其他
05GBCZST06	学科组长	女	34	7	研究生	物理	一级	校级骨干

二、D学校教师专业化成长方式的量化结果描述

表6-8的数据显示，D学校在教学应用和学习反思维度的均值略低于总体平均值，组织学习维度的均值与总体平均值持平，自我增值维度的均值在总体平均值之上，该校所有维度的总均值低于全区的总均值，Z分数达到-0.0978773。另外，鉴于在全区的重要地位，该校作为公办旧办学校的分析代表是符合实际情况的，也是具有研究意义的。

表6-8　学校教师专业化成长方式描述性分析

维度	D学校样本数	D学校的均值	D学校的标准差	总体的均值	总体的标准差
自我增值	101	4.3564	0.54542	4.3285	0.52609
教学应用	101	4.1708	0.60305	4.2161	0.57092
学习反思	101	3.4257	0.72848	3.6149	0.71157
组织学习	101	4.1238	0.64602	4.1239	0.65532

三、D学校个案的研究结果和讨论

通过深入学校现场了解和教师访谈，整理分析D学校的相关资料和访谈稿，下面拟从教师专业化成长方式的四个维度，即自我增值、教学应用、学习反思和组织学习几个方面来探讨。

（一）自我增值

研究发现，D学校教师自我成长意识较强，一是强调自身的终身学习，通过书籍提升理论素养；二是通过名师或榜样引领，学习经验、工作方法、教学方法。

终身学习：尽可能多地涉猎各种教育教学方面的书籍，特别是现代教育名家的著作，了解教育最前沿的相关变革。（05GBCZST01ZW01）

突破关键还是靠自身，我将主动多阅读一些学科、教研书籍，提升理论素养。（05GBCZST03ZW02）

名师引领：参加学校科研处组织的名师结对帮扶活动，向名师看齐。（05GBCZST01ZW02）

多向有经验的学科教师和班主任学习，阅读相关书籍，多承担班主任工作，抓住教育教学竞赛的机会提升自己，等等。（05GBCZST03ZW01）

我的做法是，不清楚的，就问问经验丰富的教师。当时我跟×老师在一个办公室，经常向他请教。（05GBCZMT06ZW03）

一些教师存在一些担忧，对自己的现状不满意，除了知识、教学技能方面，还有成长意识方面。

在物理教学上，我始终相信，听同行的课是最快的一种成长方式。首先，听课可以确保知识体系、知识点正确；其次，合理的、恰当的语言或例子有事半功倍的效果，上课时可以少走弯路；最后，听课时思维活跃，比一个人闷头备课效率高，往往会有出其不意的闪光点。其实听课就是与上课的同行进行另一种形式的交流。（05GBCZST06ZW01）

物理教学技能始终停滞不前。首先，思想观念落伍，很难吸收新的东西进去，可能跟性格有关，一味地墨守成规并不适合与时俱进的教育。其次，害怕做实验主要是因为不相信自己，看到器材有点蒙，当做不出来的时候更发怵，不想面对实验失败的尴尬局面。（05GBCZST06ZW02）

看到张老师他们这样努力，还有新来的付老师、刘老师都很努力，我说我自己也不能掉队。（05GBCZMT06ZW02）

从一些老教师的访谈中，发现该校的青年教师的成长现状。他们认为教师需要成长的首要是师德、师品，其次才是教师的专业方面。年轻教师的学历普遍较高，学科知识不缺乏，但更重要的是学科教学知识，如如何上课、备课、个性化辅导等。

对于现在的年轻教师来说，我认为在上岗前，首先进行的不是业务的培训，应该是师德、师品的培训。（05GBCZMT03ZW01）

专业方面不是重要的基本功，教学方面才是重要的基本功，如如何上课、如何备课、如何辅导，要在这些方面进行培训。（05GBCZMT03ZW02）

我觉得是现在的年轻教师缺乏吃苦耐劳的精神。（05GBCZMT01ZW02）

我们平时要对年轻教师多进行艰苦奋斗教育，让年轻教师能够在奋斗中享受幸福，也能够通过奋斗创造幸福。另外，现在的年轻教师存在以自我为中心这个问题，当然这个也是很多独生子女普遍存在的问题。（05GBCZMT01ZW03）

从自己的经历来看，年轻人的成长，一个是事业心和责任心，另一个是专业成长方面。一开始就要刻苦钻研，挑大梁，才能锻炼自己，锤炼自己，成就自己。以后碰到很多教育教学问题，就能迎刃而解。（05GBCZMT01ZW01）

（二）教学应用

研究发现，D学校教师乐于实践，能了解学习到的班级小组管理流程与优缺点，并结合本班学情进行本土化的运用。在教学方面也能观察有经验的教师，观摩学习课堂管理方法、教学方法，并在自己课堂教学过程中借鉴使用。有的还能学习新技术，积极参加各级各类比赛，在行动中成长。

行动研究：积极参加各级教育部门组织的各种教学比赛，在行动中成长。（05GBCZST01JX01）

在班主任管理方面，我一般采取小组管理的方法。在操作前，第一，我向做得比较好的班主任取经，了解熟悉小组管理的一般流程以及他们在实施过程中做得好的方面和可能会遇到的问题；第二，根据本班学生的学习、纪律、性格等特点分组并进行小组分工；第三，制定小组评价标准和量化表；第四，利用班会课进行小组管理的培训；第五，指导学生制订本组规则，及时了解小组内出现的问题，针对问题给予指导，并定期反馈小组表现；第六，在小组的实践中发现问题，及时总结、反思和改进。（05GBCZST03JX02）

在班级日常管理中观察有经验的教师是怎么做的，如怎样组织学生早读、值日等细节问题，选择适合自己的方式借鉴和使用。多听课，学习老教师的常规课堂管理方法。观摩公开课，学习上课教师的教学设计方法和学生活动组织方法，并在自己的教学中借鉴使用。（05GBCZST05JX01）

更新自己的观念，接受新鲜事物，尝试将新技术应用于教学中，并重视实验的作用。（05GBCZST06JX01）

（三）学习反思

从访谈结果发现，D学校的教师也持有与C学校教师相似的观点——学习反思对于教师成长很关键。他们主要是针对一线课堂的得失进行教学反思，作为下次备课的重要参考、论文素材、课题素材，形成文字。

教学反思：每节课除了需要课前精心设计，课后的教学反思也必不可少，并形成文字保存，为改进课堂打下基础。（05GBCZST01XX01）

每次上完课，我都会及时反思本节课的得失，特别是自认为有待改进的地方，我会记录在我的电子教案中（注明时间），等到下次再上这节课的时候我会把这些教学反思作为备课的重要参考。当然，在此过程中，我也会积累一些论文的素材，及时整理争取发表，进而激发自己教学反思的热情。（05GBCZST01XX03）

下课后，我脑子里会经常冒出一些想法，有时候是对课堂某个环节的改进的思考，更多的时候是想记录一些精彩的时刻，这些文字可以作为论文或课题的素材。（05GBCZST02XX01）

但是，文字功底的欠缺，使该校的教师停留在意识层面上的反思，或是表面浅显的反思，难以形成文字。正如前文所说的，该校教师积累素材、记录精彩时刻，但没有真正地发表文章，形成课题研究。从学校的其他资料可查，每年发表的文章全校一般不超过10篇，课题立项近年来有所发展，但质量不高，多为非资助课题。也就是说，该校教师存在反思的"冲动"，缺少反思的"行动"。（注：学校名称为化名）

我的瓶颈是不会开发课题，论文也没怎么写，做了很多工作，都没有去整理成文字，原因是没有养成习惯。（05GBCZST02XX02）

我计划将来在教学实践中要多去发现一些值得研究的问题，从而形成课题去研究。（05GBCZST03XX01）

（四）组织学习

近年来，学校入职的青年教师很多，为帮助青年教师快速站稳讲台，校方定期、定点、定员、定题，大力开展青年教师培训，形成了一定的模式与规模，取得了一定的成效，产生了一定的影响，教师对此较为认同。

关于青年教师培训，我校每个月定时、定点、定人员、定主题，在晚上利用一个半小时左右的时间进行培训活动，每位教师都有一次5分钟左右的展示机会。关于团队建设，学校为各学科邀请了名师，进行校内外的师徒结对，拓宽了教师的视野，提供了更好的学习平台。这些活动的效果都很不错。（05GBCZST01ZZ04）

学校举办了青年教师分享会，成效特别好，可惜只有部分教师参加了，希望全校教师都能参加，因为这次分享会太棒了。（05GBCZST02ZZ02）

这种培训是一个组织性较强的学习共同体构建，使教师更有集体意识，更能形成一种良性竞争的氛围。因此，在访谈过程中，教师大多倾向于团队学习成长，认为这种形式更能形成头脑风暴，思维碰撞，相互促进，而且成长速度比个人学习成长要快得多。有时候个人不能客观评价自我、察觉自身缺点。

我倾向于团队学习成长。因为团队学习可以有更多的交流，碰撞出更多的思维火花，也更能促进自己的反思，做得不好的也能得到更及时的反馈和评价。这些都更有利于我保持学习的热情。（05GBCZST01ZZ03）

我倾向于团队学习共同成长。理由是我喜欢集体，喜欢归属于组织的感觉，有伙伴会更有动力。很多时间点卡死了之后，成果才能被逼出来。（05GBCZST02ZZ01）

我倾向于与团队共同成长。众人拾柴火焰高，团队的力量更能让我感受到智慧的光芒、人情的温暖。（05GBCZST03ZZ02）

一个人的经验和见识是有限的，但是团队可以将大家的经验汇集起来，年轻教师更是可以在短时间内积累大量的经验；人的思维往往在互相激荡中碰撞出新的火花，这样的头脑风暴催生出新的创意。人有时容易陷在自己的思维中，不能够全方位地看待问题，自己的失误和缺点也不易察觉，而团队的其他人就可以指出。（05GBCZST05ZZ01）

现在的年轻教师成长更快，因为他们在一个大团体中，形成了学习共同体，我们那时候全部靠自己，忽视了团体的力量。（05GBCZMT06ZZ03）

在访谈中发现，几位教师提到最大的瓶颈是缺乏学科内的名师指导。毕竟对于一所地理位置较为边缘的学校，人才流失严重，好些学科骨干教师外调，而在引进名师方面较为乏力。学校通过组建名师工作室、师徒结对，甚至是专家团队跟踪指导等方式促进教师成长，取得了一些成效。受到跟踪时间不长、频率较低、教师的主动性不高等因素的影响，效果不佳，但不难发现，这些方式都是有效的。另外，教师的诉求是真正的名师引领，并不仅仅是校内的教研组长的指导，因为该校的高水平教师紧缺，同时体现出教师强烈的成长需求。

最大的瓶颈就是学校缺少名师，学科教学方面的成长需要不断寻求校外的帮助，不方便。我计划争取能参加某个名师工作室，只有和优秀的人在一起，才能激励我不断进步。如果学校能推荐我加入某个名师工作室，我会更加努力追求卓越。（05GBCZST01ZZ02）

教师的学科专业素养还不够，科研能力也缺乏，原因是学校缺乏学科方面的名师引领，教师缺乏自身的积极进取。（05GBCZST03ZZ01）

邀请专家团队亲临指导，树立榜样，鼓励教师向优秀教师看

齐，效果良好。期待学校能邀请专家深入课堂，能在问题学生的教育方面给予更多的指导。（05GBCZST04ZZ02）

师徒结对效果比较明显，因为导师制的跟踪时间不长，所以效果有限。建立名师与学校教师之间的结对跟踪，时间持久一些，或者鼓励新教师加入名师工作室，多走出去。（05GBCZST06ZZ03）

四、D学校的成长方式的特征小结

D学校建校时间很长，现任校长于三年前到任，虽然治校时间不长，但凭借着教育情怀、极大的教育激情、精细化的管理和排除万难的精神，使该校近年来的办学水平正在逐年地提高，一年一个台阶。

该校的师资年龄结构不够合理，平均年龄偏大。新任校长上任后，大力补充年轻教师，使得平均年龄下降了3岁。105人的专职教师中，有30名年轻教师的教龄在3年以内。由于地理位置较偏，学校近年来的名师流失较为严重，且无流入，名师数量偏少，学科引领作用偏弱。

该校教师的自我成长意识较强，强调终身学习、榜样学习。大量师资的新鲜血液注入，让学校焕发青春。年长教师在传帮带过程中也促使自我进一步地学习与思考。一些教师对自己的成长产生担忧，这反映出，同伴的成长造成了"良性竞争"，个人的忧患意识增强，这对教师的专业化成长是有好处的。老教师在结对过程中，能从师德、师品方面对年轻教师给予帮助，这和该校试行的《教师职业规划指导师制度》有关联。

课堂是教师变革的主阵地，影响着学校的教学质量。该校正在进行全面的课堂变革。访谈结果显示，教师努力将从有经验的教师身上学到的方法，如班级小组管理的流程，应用于课堂之中，并能结合本班的学情进行本土化的运用。然而小组管理是一个系统工程，其中班主任应是主力。该校的班主任绝大多数都是教龄尚短的年轻教师，统筹能力尚不够强，课堂变革任重而道远。

该校教师认为学习反思对于教师的成长很关键，主要是针对一线课堂的得失进行教学反思，以此作为将来改进教学的基础。和其他学校一样，文字功底的欠缺，让教师"望文生畏"，只在教案本中教学反思一栏简单记录，或只是记录问题，并未想好对策。有的形成了一段文字，但未成文。

学校近年来加大力度培训教师，形成了一个以"班集体"为特色的学习共同体，做到定期、定点、定员、定题的立体式培训，也形成了一定的模式与规模，取得了不错的成效，甚至在区内产生了一定的影响。但该形式培训的受众群体还较小，培训仅对3年以内教龄的青年教师展开，因此未能在整个维度得分中体现出来。由于缺乏引领作用的名师，该校也尝试引入校外专家团队参与师资队伍建设，在不断地摸索过程中，取得了一定的成效。

从需求来看，教师比较喜欢这种整合校内外资源的共同体培训以及校际的文化交流。

07 | 第七章
个案学校的比较分析和讨论

第一节　A学校和B学校的比较研究

一、A学校和B学校的量化比较研究

A学校和B学校都是公办性质的新办九年一贯制学校，学校发展的背景和生源情况较为相似，具有可比性。

表7-1的量化数据显示：A学校和B学校在维度均值上比，A学校在所有维度上的均值都超过B学校，其中自我增值和组织学习维度优势较大。另外，在组织学习维度两校的差异达到了显著。

表7-1　A学校和B学校的描述性分析和方差分析

维度	学校名称	样本数	均值	标准差	F值	显著水平
自我增值	A学校	70	4.4600	0.48913	3.505	0.063
	B学校	60	4.3	0.48187		
	全区	870	4.3285	0.52609		
教学应用	A学校	70	4.3607	0.51011	3.262	0.073
	B学校	60	4.1875	0.58336		
	全区	870	4.2161	0.57092		

续 表

维度	学校名称	样本数	均值	标准差	F值	显著水平
学习反思	A学校	70	3.6893	0.66135	3.094	0.081
	B学校	60	3.4667	0.78177		
	全区	870	3.6149	0.71157		
组织学习	A学校	70	4.4018	0.56941	11.607	0.001**
	B学校	60	4.0417	0.63557		
	全区	870	4.1239	0.65532		

注：**表示$P<0.01$达到显著性水平。

从均值来看，两校在以下具体的题项中差距较大，见表7-2。

表7-2　A学校和B学校的操作性条目描述性统计分析

题项	A学校		B学校	
	N	均值和标准偏差	N	均值和标准偏差
1.我认为教师间形成学习共同体，更能相互促进	70	4.49±0.608	60	4.37±0.712
5.我认为评课对教师的成长很有帮助	70	4.53±0.653	60	4.48±0.748
9.我认为同课异构活动能促进教师的专业化成长	70	4.44±0.694	60	4.3±0.72
13.我认为教育创新实践能促进教师的专业化成长	70	4.34±0.74	60	4.23±0.851
17.我认为课堂观察能让我更容易学习他人优点	70	4.5±0.631	60	4.4±0.669
19.我认为多媒体信息技术能改善课堂教学	70	4.37±0.745	60	4.07±0.71
21.我能从校本培训中学到对教学有用的内容	70	4.26±0.736	60	3.92±0.787
23.我认为集体备课更能打开思路	70	4.5±0.608	60	4.32±0.748

题项	A学校		B学校	
	N	均值和标准偏差	N	均值和标准偏差
25.我乐于跟随名师进行专业上的学习	70	4.61 ± 0.572	60	4.55 ± 0.622
26.我能与学生在课堂上有效地互动，并根据学生反应及时调整课堂教学方法	70	4.56 ± 0.605	60	4.37 ± 0.688
2.我乐于作为授课者参加同课异构研讨活动	70	4.24 ± 0.751	60	4.2 ± 0.953
6.我能在课堂上运用包含"合作学习"在内的其他模式或方式	70	4.34 ± 0.7	60	4.12 ± 0.761
10.我积极参加集体备课，分享自己的备课心得	70	4.47 ± 0.675	60	4.4 ± 0.718
14.我能在听课后对授课教师的课堂优缺点进行点评	70	4.39 ± 0.644	60	4.03 ± 0.863
3.我喜欢在网络上发表与教育相关的看法	70	3.23 ± 1.052	60	3 ± 1.074
7.我能对教学上出现的问题进行研究	70	3.7 ± 0.874	60	3.45 ± 0.946
11.我能经常对自己的教学进行反思，并形成文字	70	3.94 ± 0.849	60	3.67 ± 0.914
15.我经常自主观看网络优质课或微课	70	3.89 ± 0.877	60	3.75 ± 0.95
4.我校能为青年教师提供平台进行师徒结对	70	4.46 ± 0.774	60	4.18 ± 0.892
8.我校（含全校、科组和备课组层面）经常举办教学研讨反思会或经验分享会	70	4.27 ± 0.815	60	3.9 ± 0.933
12.我校经常举行同课异构研讨活动	70	4.17 ± 0.798	60	3.48 ± 1
16.我校经常举行研讨活动、教学比赛	70	4.46 ± 0.755	60	4.1 ± 0.877

题项	A学校		B学校	
	N	均值和标准偏差	N	均值和标准偏差
18.我校积极开展学校之间的合作与学习	70	4.44 ± 0.754	60	4.08 ± 0.926
20.我校能定期举行校本培训（包含面向部分教师）	70	4.56 ± 0.629	60	4.15 ± 0.799
22.学校聘请高校教授团队或专家团队培训本校教师，有助于教师的快速成长	70	4.29 ± 0.837	60	4.05 ± 0.832
24.我校教师之间有相互尊重和信任的专业对话	70	4.57 ± 0.604	60	4.38 ± 0.691

二、A学校和B学校的个案比较研究及启示

A学校和B学校的个案研究对比见表7-3。

表7-3　A学校和B学校的个案研究对比

比较维度	A学校	B学校	个案异同
管理者	建校时间不长，但达到10年，经历一个九年大循环，引进全国知名校长创校，现任校长由百万年薪引进，到任管理不足1年	建校时间短，历任两任校长，新校长到任管理1年左右，原为名校副校长	基本相同
师资	研究生学历、小学高级职称、中学高级职称教师占比高。名师队伍相对稳定，区级以上名师较多，含特级教师、南粤优秀教师、名教师若干	大量新毕业教师，全国范围内大力引进名优教师，两极分化相对严重	不同

比较维度	A学校	B学校	个案异同
自我增值	教师对职业的认同感很强，除教师专业技能建设外，学校还重视教师心理建设，能发现问题，解决问题	教师较为注重教学常规，改革不够主动，名师能为自己制订发展规划，具有强大的自我调节能力，适应新学校	不同
教学应用	教师认可并参与课堂改革，认真研究、相互学习；积极进行教学创新、学科融合、教具改进等创新性工作；积极承担同课异构、比赛课等活动	名师善于钻研课堂，进行教学改革与班级管理改革，如"社会化管理"，并进行推广；高水平备课	基本相同
学习反思	教师注重阅读与积累，拓展学科知识与学科教学知识，善于提炼与升华，在研究状态下工作，将反思作为内化的主要手段	教师认同学习反思是成长的重要因素，但反思的是教师成长的"薄弱点"	相同
组织学习	组织学习较为成熟，搭建大量的展示平台，设计了教师评价体系，指明教师发展方向；组建课程开发团队，倾向团队学习	搭建与学校同名的论坛作为教师展示平台，除此之外还有分学部、年级、学科等不同层次的分享会；大量新教师渴望团队学习	不同
成长需求	各学科的专家进校，进行跟踪式辅导	校外专家团队进驻指导	相同

　　A学校与B学校同属于公办性质的新办九年一贯制学校。A学校的前任校长为全国明星校长，该校自创办以来，办学水平在全区数一数二，现任校长为2018年度引进的校长。B学校建校时间只有A学校的一半，已经历任了两任校长，现任校长原为名校副校长，现管理该校一年左右。从管理延续性来看，A学校较占优势，运行机制和协作性也较为成熟。

从师资队伍来看，两校都是从全国名牌大学招收毕业生，B学校引进名师的力度更大。从整体上看，B学校教师的两极分化更为明显，毕竟A学校办学已将近10年，已过"磨合期"，学科分布较为均衡。

A学校的教师"看"得更高一些，包括对职业的认同感、专业技能以外的教师心理建设等，这已经超出了学科知识与学科教学知识范畴了。反观B学校教师则较为注重教学常规，有些教师改革积极性较弱，但是该校名师之所以成为名师，是因为他们能规划自己的职业生涯，具有强大的自我调节能力。A学校的教师更多的是具有一定教龄的成熟教师，虽然未必都是名师，但是教学基本技能都比较扎实，度过了教学"生存期"，迈向了教学的创新期。

创新是一个民族进步的灵魂，也是时代的呼唤，教学改革也需要不断地创新，创新的师资加上创新的教学，才会培养出具有创新意识的学生。两校的教师都认真钻研，积极参与课堂改革，从教学方法、教学内容、教学媒介等方面进行创新，提高了课堂教学乐趣与效率，"社会化"的班级管理模式，提高了学生自主管理的能力。

人与人之间最大的差别是认知，它的深度取决于反思的深度。两校的教师均重视阅读、积累、写作，善于提炼观点，将学习反思作为内化的主要手段。但B学校包括部分名师在内的教师，依然认为写作方面较为欠缺，这也是全区的共性，只是相对而言，B学校更明显一些。

两校管理层都注重组织学习，均搭建了不错的展示平台，但在具体的操作上，A学校更为扎实，更具有设计性与指导性。A学校在实施层面还增加了教师评价环节，建立了相应的教师评价体系，这对教师的发展方向有明确的指引。另外，两校都认为团队学习是很好的促进教师成长的学习方式。

从前文的量化数据中发现：两校最大的差异在组织学习维度。一个学校就是一个系统，系统的各要素功能小于系统的功能。一个学校成熟的管理，能够有机整合各要素功能，发挥最强大的功能。A学校有计划、实施、检查、评价等完整的循环，又有稳定且结构合理的师资队伍、完善的部门管理，在组织学习方面呈现了良好的结果。

从教师成长需求来看，两校教师的共同观点是需要校外专家团队进校跟踪式辅导。这一方面反映学校依然存在名师分布不均衡的情况，另一方面反映教师具有了解"外面世界"的强烈好奇心，想近距离接触名师，学习不一样的教学经验与方法。

第二节　C学校和D学校的比较研究

一、C学校和D学校的量化比较研究

C学校和D学校都是公办性质的旧办学校，学校发展的背景和生源情况较为相似，具有可比性。

表7-4的量化数据显示：C学校和D学校在维度均值上比，C学校在自我增值、学习反思、组织学习方面表现较为优秀，其中学习反思和组织学习维度优势较大，自我增值维度优势不大，而在教学应用维度稍微低于D学校。另外，在组织学习维度两校的差异达到了显著。

表7-4　C学校和D学校的描述性分析和方差分析

维度	学校名称	样本数	均值	标准差	F值	显著水平
自我增值	C学校	84	4.3667	0.57881	0.015	0.902
	D学校	101	4.3564	0.54542		
	全区	870	4.3285	0.52609		
教学应用	C学校	84	4.1577	0.64796	0.020	0.887
	D学校	101	4.1708	0.60305		
	全区	870	4.2161	0.57092		

维度	学校名称	样本数	均值	标准差	F值	显著水平
学习反思	C学校	84	3.5506	0.68083	1.429	0.233
	D学校	101	3.4257	0.72848		
	全区	870	3.6149	0.71157		
组织学习	C学校	84	4.3199	0.55406	4.805	0.030*
	D学校	101	4.1238	0.64602		
	全区	870	4.1239	0.65532		

注：★表示$P<0.05$达到显著性水平

虽然D学校在普遍水平上低于C学校，但仍有个别题项表现较为优异，见表7-5。

表7-5 C学校和D学校的操作性条目描述性统计分析

题项	C学校		D学校	
	N	均值和标准偏差	N	均值和标准偏差
1.我认为教师间形成学习共同体，更能相互促进	84	4.33±0.7	101	4.54±0.686
5.我认为评课对教师的成长很有帮助	84	4.54±0.648	101	4.53±0.756
9.我认为同课异构活动能促进教师的专业化成长	84	4.3±0.741	101	4.36±0.832
13.我认为教育创新实践能促进教师的专业化成长	84	4.33±0.75	101	4.27±0.799
17.我认为课堂观察能让我更容易学习他人优点	84	4.42±0.732	101	4.36±0.657
19.我认为多媒体信息技术能改善课堂教学	84	4.4±0.746	101	4.44±0.654
21.我能从校本培训中学到对教学有用的内容	84	4.21±0.777	101	3.97±0.921
23.我认为集体备课更能打开思路	84	4.35±0.72	101	4.35±0.767

题项	C学校		D学校	
	N	均值和标准偏差	N	均值和标准偏差
25.我乐于跟随名师进行专业上的学习	84	4.37 ± 0.803	101	4.39 ± 0.787
26.我能与学生在课堂上有效地互动，并根据学生反应及时调整课堂教学方法	84	4.42 ± 0.662	101	4.37 ± 0.628
2.我乐于作为授课者参加同课异构研讨活动	84	3.96 ± 0.798	101	4.05 ± 0.942
6.我能在课堂上运用包含"合作学习"在内的其他模式或方式	84	4.25 ± 0.774	101	4.13 ± 0.757
10.我积极参加集体备课，分享自己的备课心得	84	4.31 ± 0.836	101	4.37 ± 0.809
14.我能在听课后对授课教师的课堂优缺点进行点评	84	4.11 ± 0.836	101	4.14 ± 0.722
3.我喜欢在网络上发表与教育相关的看法	84	3 ± 0.864	101	2.92 ± 0.997
7.我能对教学上出现的问题进行研究	84	3.57 ± 0.973	101	3.41 ± 0.951
11.我能经常对自己的教学进行反思，并形成文字	84	3.82 ± 0.809	101	3.69 ± 0.956
15.我经常自主观看网络优质课或微课	84	3.81 ± 0.925	101	3.68 ± 0.948
4.我校能为青年教师提供平台进行师徒结对	84	4.61 ± 0.695	101	4.37 ± 0.758
8.我校（含全校、科组和备课组层面）经常举办教学研讨反思会或经验分享会	84	4.27 ± 0.7	101	4.11 ± 0.823
12.我校经常举行同课异构研讨活动	84	4.04 ± 0.813	101	3.63 ± 0.924
16.我校经常举行研讨活动、教学比赛	84	4.35 ± 0.668	101	4.01 ± 0.781
18.我校积极开展学校之间的合作与学习	84	4.26 ± 0.823	101	4.11 ± 0.948
20.我校能定期举行校本培训（包含面向部分教师）	84	4.44 ± 0.683	101	4.34 ± 0.778

题项	C学校		D学校	
	N	均值和标准偏差	N	均值和标准偏差
22.学校聘请高校教授团队或专家团队培训本校教师，有助于教师的快速成长	84	4.17 ± 0.848	101	4.18 ± 0.853
24.我校教师之间有相互尊重和信任的专业对话	84	4.43 ± 0.664	101	4.25 ± 0.841

二、C学校和D学校的个案比较研究及启示

C学校和D学校的个案研究比较见表7-6。

表7-6　C学校和D学校的个案研究比较

比较维度	C学校	D学校	个案异同
管理者	建校时间长，现任校长到任管理10年，原为该校副校长	建校时间长，新校长到任管理3年多，原为高中副校长	不同
师资	年龄结构不够合理，平均年龄偏大，名师队伍相对稳定，区级以上名师人数较多，含正高级教师、特级教师、南粤优秀教师、名教师若干	年龄结构不合理，平均年龄偏大，近3年大力吸纳新教师，名师流失较为严重，未引进名师，区级以上名师偏少	不同
自我增值	对职业规划有一定的思考，合理分析自身情况，明确努力方向	自我成长意识较强，对自身专业成长情况具有担忧意识，老教师能在一定程度上发挥作用	不同
教学应用	珍惜比赛机会，热衷同课异构、教学比赛、相互听课等活动。尝试新教学方法或教学模式应用于课堂实践中	尝试使用新的教学方法进行课堂改革，但改革力度有所欠缺	基本相同

比较维度	C学校	D学校	个案异同
学习反思	具有学习反思的意识，名师能从行动上实践，并长期坚持	有学习反思的意识，但缺乏强有力的反思行动	不同
组织学习	集体性成长呈良好态势，学校重视组织学习，且对全体教师有系统学习的整体规划	缺乏校内名师的引领；学校重视组织学习，形成了以"班集体"为特色的青年教师学习共同体，进行立体式的专题培训；引进校外专家团队对骨干教师进行项目式培训	基本相同
成长需求	校外团队定期进校交流，甚至是一对一的指导；学校举办跨校专业联谊活动等	开展整合校内外资源的学习共同体培训、校际文化交流	相同

C学校与D学校同属于公办性质的旧办初中学校，建校时间在全区中学中，排序第一、第二。C学校的现任校长在该校从普通教师成长为名校长，非常熟悉学校历史及现状，对其管理有独特的优势。D学校的现任校长3年前初到学校，原是高中副校长，对成绩有较强的忧患意识。

两校教师的年龄结构均不太合理，平均年龄偏大，但C学校的名师数量、比例、级别都占绝对的优势，不乏正高级教师及特级教师，反观D学校，名师数量非常少，学科分布不均衡，级别最高的仅为市级骨干教师和区级学科带头人。在名师引领方面，C学校明显占优。

受名师影响，C学校的教师意识到职业规划的重要性，也能够合理分析自身优缺点，明确努力的方向；D学校的教师在学校的引领下，自我成长意识较强，系列的教师培训榜样力量初现，老教师愿意从师德、师品方面对年轻教师给予指导与帮助。

两校教师均具有学习反思的意识，都认为学习反思是教师专业成长的关键，也是难点。不同的是，C学校的教师，特别是名师具有撰写反思、进行课题研究的良好习惯。

两校管理层都注重组织学习，C学校侧重全方位的系统学习的规划，每个季度都有不同的主题。D学校则侧重对青年教师群体进行重点培训，尤其是探索并形成了"班集体"特色的立体式专题培训、与校内外资源整合的项目式培训。

从前文的量化数据中发现：D学校的优势在于教学应用和共同体构建方面。这与D学校近几年来大力发展"智慧课堂"、教师钻研"同屏教学"（已获区基础教育科研成果奖）有关。另外，D学校引进校外专业团队整合校内外力量进行了为期1年的项目式教师培训，并打造学习共同体。

从教师成长需求来看，两校教师都需要更高水平的校外专业团队进校指导，可见不同学校的教师都认为外部的教育观念与教育手段能够为自己带来全新的认识与成长助力，而D学校还有额外的因素——名师资源的匮乏。

08 | 第八章
创新教师专业化成长方式的建议

第一节　研究结论

21世纪以来，我国经济高速发展，教育改革也随之迈入一个新时代，教师专业化成长越来越受到重视，成为教育研究领域的热点话题之一。本研究经过大量的实证研究，对个案学校的深入访谈了解，得出以下结论。

一、全区中学教师专业化成长方式的综合表现良好，学习反思有待加强

研究数据结果显示，坪山区中学教师专业化成长方式的四个维度得分分别是自我增值4.3285、教学应用4.2161、学习反思3.6148、组织学习4.1239。除了学习反思，其他维度的均值均处于比较高的分值，说明坪山区中学教师专业化成长方式的综合表现总体上处于良好的水平。

其中，自我增值方面表现最为优异，表明教师有教育理想、职业追求，成长意愿非常强烈，渴望进步。教学应用方面次之，主要表现在课堂上实践新的教学方法，提高课堂效率，实现高效教学

目标，进行课堂变革探索。组织学习方面反映的是学校层面促进教师成长的工作力度与措施，在各维度中排第三，需要引起重视，以扎实系统且创新的工作，促进组织学习的成效。在所有方面表现最为薄弱的教师的学习反思，具体表现在论文撰写与课题研究方面。学习反思是教师专业化成长中个人因素方面极其重要的一点。不积跬步无以至千里，只有做好点点滴滴，凝练升华，才能使"自我增值"与"教学应用"产生质的飞跃。

个人成长和团队学习是内因与外因的关系，个人与集体的关系，如何在学校的"组织学习"中凸显教师的"学习反思"，或将教师的"学习反思"与学校的"组织学习"有机结合起来，是学校亟待解决的问题。

二、教师专业化成长方式量表的四个维度显著相关

研究数据结果显示，量表的四个维度均显著相关，相关系数介于0.526与0.796之间，其中组织学习与自我增值的相关系数最高，达到了0.796，表明组织学习与自我增值有很强的正相关关系，变化趋势一致。其次是自我增值与教学应用的相关系数，达到了0.793。也就是说，教师专业化成长方式要将个人层面的自我增值、教学应用、学习反思与学校层面的组织学习通盘考虑，整体策划，以达到最佳的效果。

三、中青年骨干教师专业化成长方式综合表现优异，发挥辐射引领作用

量化数据表明，全区中学教师中，31～40岁、5～10年教龄、具备一级职称、任中层干部职务以上的教师群体表现最为优秀。而

31～40岁的教师的教龄在5～10年，多数具备了一级职称，在各中层部门从事管理工作，因此这些背景特征所反映的其实是同一类教师群体。他们正处于职业的"上升通道"。

这类教师群体往往有明确的个人成长规划，态度积极乐观，积极上进，年富力强、成熟稳重，具备丰富的教学经验，尝试开展创新性的教育教学工作，以提高课堂的高效性，也愿意传帮带。但在家庭与工作的繁重压力之下，存在一定的困难：遇到了职业发展的"高原期"，迫切需要理论支撑、科研方法和名师的实践指导，以实现教师的"二次成长"。

学校应注重中青年骨干教师的学习共同体建设，使其向上受到名师在高位的引领，向下对青年教师发挥低位辐射引领作用。

城市新兴区域的学校名师比例偏低，分布不均衡，如何在专业成长上给予中青年骨干教师帮助，是非常值得深思的问题。

四、公办学校教师专业化成长方式的综合表现普遍优于民办学校教师

研究数据结果显示，公办学校的教师专业化成长方式的综合表现普遍优于民办学校教师，但在学习反思维度低于民办学校（3.5171<3.7882）。公办学校的教师在意识上认为"自我增值"水平高，能轻松完成教学改革，而且公办学校与民办学校相比有更规范的"组织学习"，从而公办学校的教师对"学习反思"降低了自我要求。而民办学校的教师面临最大的危机是生存，且流动性大，缺少稳定的同伴互助，同时缺乏"组织学习"，只能依靠"学习反思"来解决更多的教学问题。

五、初中学校教师专业化成长方式的综合表现均优于高中学校教师

研究数据表明，初中学校的教师专业化成长在所有维度的均值均高于高中学校的教师，最大的均值差出现在"学习反思"维度，达到0.134，且存在显著差异。

在高中教师群体中，考试成绩被重视程度远远要比初中高，专业成长容易被忽视。而且高中教师认为提高教学质量的一切学习、应用、反思等行为，都是为了"抓成绩"，却忽视了自身在这个过程中的专业成长。

初中学校既要兼顾"办学质量"，又要培育"办学特色"。各种各样的比赛、教研活动、教师培训等，让初中学校的教师不仅从行动上，更从观念上注重教师专业化成长。

六、旧办学校与新办学校相比各有优势

研究数据表明，新办学校在自我增值和教学应用维度略占优势，而旧办学校学习反思和组织学习维度略占优势，但是均值相差无几，最大的均值差0.06出现在组织学习维度。

旧办学校的教师队伍结构成熟，中青年骨干教师居多，更注重"学习反思"以达到减负高效，管理的完善带来的是较为稳定的"组织学习"；新办学校的教师队伍中，年轻教师居多，教育热情高，对职业的未来充满憧憬，追求上进，容易接受新鲜事物，乐于进行课堂变革创新。

七、学习共同体是新时代教师专业化成长的趋势

彼得·圣吉学习型组织理论的核心理念是五项修炼，其中一项就是团队学习。它是发展团队成员整体搭配与实现共同目标能力的过程。

对四所个案学校的研究结果表明，教师一致认为：打造学习共同体进行团队学习是教师专业化成长的趋势，是有效方式之一。个人学习是基础，团队学习是保障，是催化剂，个人是团队的基础，团队离不开个人。团队学习成长更能相互促进、相互鼓励，产生思维碰撞的火花。

八、需要引进校外专家资源进行合作培训

近年来，坪山区一方面在全国范围内大量引进名优教师；另一方面在"985""211"等名牌大学招收毕业生，但短时间难以适应坪山区教育的高速发展。坪山区存量教师的专业成长才是支撑本区教育发展的重要基石。

对四所个案学校的研究结果表明，教师一致认为：引进校外专家资源进行培训是必需的。校外专家资源能够有效地弥补校内资源紧缺的短板，能够在短时间内达到良好的培训效果，引进不同的教育理念、教育方法、教育手段等。那么如何整合校内外的专家资源，促进教师专业化成长，是一个非常值得研究的问题。

第二节　对策与建议

根据前文的量化研究结论与对四所个案学校的质化研究结论，立足于坪山区中学的实情，同时结合近年来国内外中小学教师成长培训经验，并进行系列实践探索，提出以下建议：为解决校内名师资源的匮乏或学科分布不均衡的困境，可尝试联合校外专家团队资源进行联合培养；为解决教师的学习反思不足与科研水平偏低，可尝试进行基于U–S合作模式的"双尖铅笔"学习共同体的构建；为强化组织学习，形成分层式的、立体式的、主题式的培训体系，可尝试进行构建教师综合素养提升"π"模型。

一、职前实践与在职培训的共赢——基于U–S合作模式的"双尖铅笔"学习共同体构建之路

基础教育的现状是，教师整体科研水平不高，缺乏正规的科研方法与理论知识的指导，害怕做研究，害怕写文章，害怕反思。

PDS（Professional Developed School）模式主要研究的是教师职前实践培养与在职教师专业发展培训，主要强调的是大学教授与中

小学教师共同培养实习教师。鉴于坪山区学校的科研现状，中小学可以尝试与高校教授合作，构建一个基于U-S合作模式的学习共同体，个体主要涉及教授、研究生、一线教师、中小学。PDS模式合作运行图见图8-1。

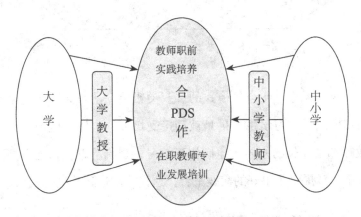

图8-1　PDS模式合作运行图

　　PDS模式，侧重于大学与中小学合力进行教师的职前培训。实习生最为缺乏的是教育教学中的实践技能与成果提炼意识，而中小学一线教师最为缺乏的是理论知识与科研方法，因此实习生与一线教师可以是互帮互助的关系，而不是指导与被指导的关系。而基于U-S合作模式的"双尖铅笔"学习共同体模型的构建可以很好地表达这种现状见图8-2：①大学教授可以安排自己的学生到中小学长期实践，而不仅仅是最后一年流于形式的教育实践。②学生进校后按照学科背景，与相应的一线骨干教师结对，学习基本教育教学技能；可以参与课题研究，如在一线教师指导下完成课题申报、撰写报告等，从中体会毕业论文与中小学研究的一些异同。③一线教师可以从实习学生身上学到前沿的理论知识、科研方法，在研究状态下进行教学工作；同时将教学经验、教学机智等传授给实习学生。④"点对点"的系统指导，可以促进学校整体科研水平的提升。

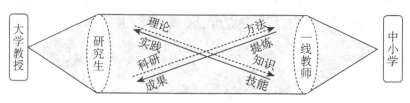

图8-2　基于U-S合作模式的"双尖铅笔"学习共同体模型

可见，基于U-S合作模式的"双尖铅笔"学习共同体模型有别于PDS模式，实习学生不再是被动接受培训的个体，他与中小学一线教师都是成长的主体，他们相互学习，交流反思，相互提高。大学与中小学提供了很好的实践平台，这样可以达到共赢的效果。

二、校外专家资源与校内名师工程建设的融合——PCM教师培育项目探索之路

中学教师的教育能力直接影响中小学实施素质教育、深化课程改革的能力和水平。建设一支高质量、高水平的教师队伍是学校的永恒任务。目前，中小学常见的教师培养项目有"以老带新""青蓝工程""师徒结对"、各类名师工作室等，各校项目的名称不一样，但并无本质区别，这些项目没有形成一种规范的培养模式。因此，如何建立一种高效、长期、可借鉴的教师培养模式，尤其是对于名师资源匮乏且流失严重的坪山区学校而言，更值得学校不断地探索。

本研究借鉴已存在的"导师制""双导师制"，提出一种基于"三导师制"的，与学校已有的教师培养体系相结合的中学教师立体式培养模式——"PCM三导师制"。PCM分别是指Professor（理论导师）、Coach（实践名师）、Mentor（校内学科导师）。

现阶段，在坪山区实施"PCM三导师制"，是教师培养工作创新，并冲出困境、摆脱桎梏的一种方法，存在以下必要性：①我区地处深圳市的边缘，近年来人才流失严重，导致在"师徒结对"中，名副其实的"师傅"越来越少；②一些老校没有过多的编制，引进高水平的名师存在困难；③一线教师尽管有丰富的实践经验，但普遍缺乏系统的理论知识；④高端人才缺乏，已成为"师傅"的教师依然需要更高层次的专家引领，以构成完整的、立体的教师培养体系。

因此，学校可以尝试在原有的"师徒结对"或"校名师工作室"的基础上，通过项目引进校外专家团队（高校的理论专家和一线任教的实践型名师），形成固定的导师团队，在理论与实践方面指导学校的骨干教师。这既能糅合学校已建立的名师培养体系，又能够兼顾名师（骨干教师）的继续成长，还能发挥这些名师（骨干）对其他青年教师的引领作用，从而形成立体式的教师培养模式。"PCM三导师制"架构图见图8-3。

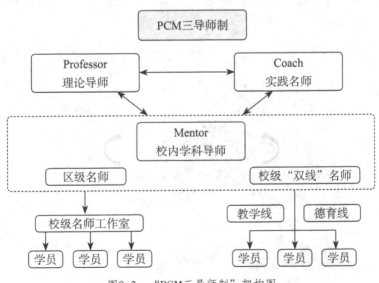

图8-3 "PCM三导师制"架构图

系统培育过程可分为四个模块——理论学习培育、跟岗学习实践、问题解决体验、成果展示反思。项目实施过程中，要求导师育前沟通、育中陪伴、育后跟踪指导，线上线下并用。个体参与培育的方式可以是专题讲座与专家引领、自主研修与个体反思、观课评课及现场感悟反思、发展性评价考核等。

三、青年教师的校本培训——教师综合素养提升"π"模型构建之路

前文提到的四所个案学校，都很重视教师的校本培训，然而在实际操作层面效果却不同。比如，有的学校提供了教师展示平台，或随机指定主题，或自由选定主题，或根据当前工作选定主题进行反思分享，人员也没有固定，工程缺乏系统性与延续性。

毕业后的前3年是教师成长至关重要的3年，是成长的关键期，必须采取有效的措施进行系统性的、规划性的、系列性的培训。为此，本书尝试提出教师综合素养提升"π"模型见图8-4，以解决以上问题。"π"即"3.14"。

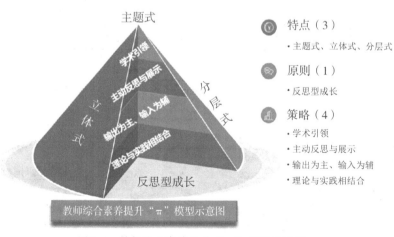

图8-4　教师综合素养提升"π"模型示意图

从顶层设计上看，学校可将3年以内教龄的青年教师形成一个班集体，每个学期进行4期主题培训。大学毕业后，青年教师到了工作岗位，变成了一个个独立的个体，其内驱力的形成取决于内部因素与外部因素。如果外部因素（如成长氛围）不稳定，部分青年教师容易错失成长发展机遇。而形成一个班集体，能让青年教师产生强烈的归属感，班级内部的相互促进、相互约束，形成了良好的竞争氛围。青年教师根据不同教龄，每个学期围绕一个大主题，分配或选择相应的3个细分小主题之一，进行微题研究、反思交流；另外，邀请一位外聘专家进行专题学术讲座，形成"三来一补"。教师综合素养提升"π"模型部分活动设计见表8-1。

表8-1 教师综合素养提升"π"模型部分活动设计

时间	分享主题	培训设想	分享人员
第一学期	榜样学习	第一次入职培训，重在榜样引领，言传身教，设定成长目标	外聘专家
	如何备课	教学基本技能，备课是授课的前提，第一年任教的教师要学会如何高效备课	1年教龄
	如何授课（说课）	教学基本技能，经过一年的入职适应期，第二年任教的教师要学会如何精彩授课（说课）	2年教龄
	如何听、评课	教学基本技能，经过两年的入职适应期，第三年任教的教师要学会如何听课以及点评课	3年教龄
第二学期	教育遗憾	第一年任教的教师总会遇到教育问题，采取了错误的对待方法，也形成了许多教育遗憾，回首反思，总结经验	1年教龄
	教育技巧	第二年任教的教师经过一年的适应期，在班级管理或课堂教学中，会形成许多教育技巧	2年教龄

时间	分享主题	培训设想	分享人员
第二学期	教育幸福	第三年任教的教师经过两年的适应期，即将完成一个初中教学循环，在学生毕业之际，肯定会有很多瞬间，让教师感受到教育的幸福	3年教龄
	"如何撰写教育叙事"学术讲座	结合本学期的分享主题，在专家指导下，学会撰写教育故事	外聘专家
第三学期	我的教育新尝试	第一年任教的教师总会遇到棘手的问题，反思做了哪些努力尝试解决	1年教龄
	我的教育杀手锏	第二年任教的教师在过去的一年，一定学会了不少管班、教学的好方法，反思梳理	2年教龄
	"新时代教师成长与课堂变革"学术研讨会	做一个研究型的教师，针对时下热门的话题，选择感兴趣的热点，结合工作，开展研究，以学术研讨会形式进行	3年教龄
	"如何撰写文献综述"学术讲座	结合本学期的学术研讨会任务，开展专题讲座，教会教师如何查找文献、文献批评、综述撰写	外聘专家
……	……	……	……

从操作层面上看，实行"四定"（定人员、定时间、定地点、定主题），紧紧围绕一个原则（反思型成长），素养提升行动呈现三大特点（主题式、立体式、分层式）、四大策略（"理论与实践相结合""输出为主、收入为辅""主动反思与展示""学术引领"）。

附　录

附录一 量 表

尊敬的老师:

　　您好! 首先对您百忙之中抽空填写此问卷表示万分感谢! 这是一份关于中学教师专业化成长方式研究的调查问卷,旨在了解坪山区中学教师专业化成长方式的现状及其原因。本次调查问卷采用无记名回答,只用于学术研究,请您放心作答。为保证研究的科学性、严谨性、可靠性,希望您能根据自己的真实情况与想法进行填写,衷心感谢您的合作!

第一部分 教师基本情况

1. 您所工作的学校是:

□坪山高级中学

□坪山实验学校初中部

□坪山同心外国语学校初中部

□坪山中学

□光祖中学

□中山中学

□龙翔学校高中部

□龙翔学校初中部

□龙山学校初中部

□培英学校初中部

□博明学校初中部

□秀新学校初中部

□星辉实验学校初中部

□华明星学校初中部

□秋宝学校初中部

□精致实验学校初中部

□景园外国语学校初中部

□弘金地（国际）学校初中部

2. 您所工作的学校建校历史有：

□<5年

□≥5年，<10年

□≥10年，<15年

□≥15年

3. 您的性别是：

□男

□女

4. 您的年龄是：

□20～30岁

□31～40岁

□41～50岁

□51～60岁

5. 您的教龄是：

□<5年

□≥5年，<10年

□≥10年，<15年

□≥15年

6. 您的职务是：

　　□校长（含书记）

　　□副校长（含专职副书记）

　　□中层干部（含团委、大队辅导员等）

　　□学科组长、备课组组长、班主任

　　□普通教师

7. 您的第一学历是：

　　□研究生及以上

　　□本科

　　□大专

　　□中专

8. 您已具备的教师专业技术职称是：

　　□正高级教师

　　□高级教师

　　□一级教师

　　□二级教师

　　□暂无职称

9. 您所任教的学科是：

　　□语文

　　□数学

　　□英语

　　□物理

　　□化学

　　□生物

　　□历史

□ 地理

□ 政治

□ 道德与法治

□ 体育与健康

□ 心理健康

□ 音乐

□ 美术

□ 信息技术

□ 通用技术

□ 综合实践

□ 其他

10. 您目前属于以下哪类名师：

□ 国家级名师（全国优秀教师或其他全国性同等称号）

□ 省级名师（省学科带头人、省骨干教师、南粤优秀教师或其他省级同等称号）

□ 市级名师（市学科带头人、市骨干教师或其他市级同等称号）

□ 区级名师（区学科带头人、区骨干教师或其他区级同等称号）

□ 校级名师（校学科带头人、校骨干教师或其他校级同等称号）

□ 普通教师

第二部分　中学教师专业化成长方式的现状

下面列出了一些关于中学教师专业化成长方式的现状描述或您

对其的态度和看法，请您根据自己的实际情况选择。

　1. 我认为教师间形成学习共同体，更能相互促进。

　　　□非常符合

　　　□比较符合

　　　□一般性符合

　　　□不太符合

　　　□很不符合

　2. 我乐于作为授课者参加同课异构研讨活动。

　　　□非常符合

　　　□比较符合

　　　□一般性符合

　　　□不太符合

　　　□很不符合

　3. 我喜欢在网络上发表与教育相关的看法。

　　　□非常符合

　　　□比较符合

　　　□一般性符合

　　　□不太符合

　　　□很不符合

　4. 我校能为青年教师提供平台进行师徒结对。

　　　□非常符合

　　　□比较符合

　　　□一般性符合

　　　□不太符合

　　　□很不符合

5. 我认为评课对教师的成长很有帮助。

　　□非常符合

　　□比较符合

　　□一般性符合

　　□不太符合

　　□很不符合

6. 我能在课堂上运用包含"合作学习"在内的其他模式或方式。

　　□非常符合

　　□比较符合

　　□一般性符合

　　□不太符合

　　□很不符合

7. 我能对教学上出现的问题进行研究。

　　□非常符合

　　□比较符合

　　□一般性符合

　　□不太符合

　　□很不符合

8. 我校（含全校、科组和备课组层面）经常举办教学研讨反思会或经验分享会。

　　□非常符合

　　□比较符合

　　□一般性符合

　　□不太符合

　　□很不符合

9. 我认为同课异构活动能促进教师的专业化成长。

   □非常符合

   □比较符合

   □一般性符合

   □不太符合

   □很不符合

10. 我积极参加集体备课，分享自己的备课心得。

   □非常符合

   □比较符合

   □一般性符合

   □不太符合

   □很不符合

11. 我能经常对自己的教学进行反思，并形成文字。

   □非常符合

   □比较符合

   □一般性符合

   □不太符合

   □很不符合

12. 我校经常举行同课异构研讨活动。

   □非常符合

   □比较符合

   □一般性符合

   □不太符合

   □很不符合

13. 我认为教育创新实践能促进教师的专业化成长。

　　□非常符合

　　□比较符合

　　□一般性符合

　　□不太符合

　　□很不符合

14. 我能在听课后对授课教师的课堂优缺点进行点评。

　　□非常符合

　　□比较符合

　　□一般性符合

　　□不太符合

　　□很不符合

15. 我经常自主观看网络优质课或微课。

　　□非常符合

　　□比较符合

　　□一般性符合

　　□不太符合

　　□很不符合

16. 我校经常举行研讨活动、教学比赛。

　　□非常符合

　　□比较符合

　　□一般性符合

　　□不太符合

　　□很不符合

17. 我认为课堂观察能让我更容易学习他人优点。

　　□非常符合

　　□比较符合

　　□一般性符合

　　□不太符合

　　□很不符合

18. 我校积极开展学校之间的合作与学习。

　　□非常符合

　　□比较符合

　　□一般性符合

　　□不太符合

　　□很不符合

19. 我认为多媒体信息技术能改善课堂教学。

　　□非常符合

　　□比较符合

　　□一般性符合

　　□不太符合

　　□很不符合

20. 我校能定期举行校本培训（包含面向部分教师）。

　　□非常符合

　　□比较符合

　　□一般性符合

　　□不太符合

　　□很不符合

21. 我能从校本培训中学到对教学有用的东西。

☐非常符合

☐比较符合

☐一般性符合

☐不太符合

☐很不符合

22. 学校聘请高校教授团队或专家团队培训本校教师，有助于教师的快速成长。

☐非常符合

☐比较符合

☐一般性符合

☐不太符合

☐很不符合

23. 我认为集体备课更能打开思路。

☐非常符合

☐比较符合

☐一般性符合

☐不太符合

☐很不符合

24. 我校教师之间有相互尊重和信任的专业对话。

☐非常符合

☐比较符合

☐一般性符合

☐不太符合

☐很不符合

25. 我乐于跟随名师进行专业上的学习。

　　□非常符合

　　□比较符合

　　□一般性符合

　　□不太符合

　　□很不符合

26. 我能与学生在课堂上有效地互动，并根据学生反应及时调整课堂教学方法。

　　□非常符合

　　□比较符合

　　□一般性符合

　　□不太符合

　　□很不符合

27. 您对教师专业化的成长方式还有什么建议和观点，请您填写在下列方框中。

附录二　问卷探索性因素分析后的正式量表维度

指标	题号	编号	操作性条目	信度系数
自我增值	Q01	ZW1	我认为教师间形成学习共同体，更能相互促进	0.888
	Q05	ZW2	我认为评课对教师的成长很有帮助	
	Q09	ZW3	我认为同课异构活动能促进教师的专业化成长	
	Q13	ZW4	我认为教育创新实践能促进教师的专业化成长	
	Q17	ZW5	我认为课堂观察能让我更容易学习他人优点	
	Q19	ZW6	我认为多媒体信息技术能改善课堂教学	
	Q21	ZW7	我能从校本培训中学到对教学有用的内容	
	Q23	ZW8	我认为集体备课更能打开思路	
	Q25	ZW9	我乐于跟随名师进行专业上的学习	
	Q26	ZW10	我能与学生在课堂上有效地互动，并根据学生反应及时调整课堂教学	
教学应用	Q02	JX1	我乐于作为授课者参加同课异构研讨活动	0.861
	Q06	JX2	我能在课堂上运用包含"合作学习"在内的其他模式或方式	
	Q10	JX3	我积极参加集体备课，分享自己的备课心得	
	Q14	JX4	我能在听课后对授课教师的课堂优缺点进行点评	
学习反思	Q03	XX1	我喜欢在网络上发表与教育相关的看法	0.832
	Q07	XX2	我能对教学上出现的问题进行研究	
	Q11	XX3	我能经常对自己的教学进行反思，并形成文字	
	Q15	XX4	我经常自主观看网络优质课或微课	

续表

指标	题号	编号	操作性条目	信度系数
组织学习	Q04	ZZ1	我校能为青年教师提供平台进行师徒结对	0.813
	Q08	ZZ2	我校（含全校、科组和备课组层面）经常举办教学研讨反思会或经验分享会	
	Q12	ZZ3	我校经常举行同课异构研讨活动	
	Q16	ZZ4	我校经常举行研讨活动、教学比赛	
	Q18	ZZ5	我校积极开展学校之间的合作与学习	
	Q20	ZZ6	我校能定期举行校本培训（包含面向部分教师）	
	Q22	ZZ7	学校聘请高校教授团队或专家团队培训本校教师，有助于教师的快速成长	
	Q24	ZZ8	我校教师之间有相互尊重和信任的专业对话	

总的量表的信度系数：0.932

附录三　访谈提纲

（一）访谈目的

本研究的问题如下：

1. 深圳市坪山区中学教师专业化成长方式的现状如何？

2. 导致上述现状的原因是什么？

3. 如何改进现有的或创新教师专业化成长方式？（个人层面和学校层面）

（二）访谈提纲

1. 您在教师成长方面（学科、德育、教育综合等，下同）做了哪些努力促进自身成长？您认为最重要的一种方式是什么？能否谈谈该方式具体的操作？

2. 有哪些关键的事情/人物/时刻，促进了您成长的质的飞跃？

3. 您在教师成长方面遇到了哪些瓶颈，其原因是什么？个人层面计划将如何突破，或需要哪些帮助才能突破？

4. 您观察到您的同事在教师成长方面遇到了哪些瓶颈，其原因是什么？您能给他/她一些成长建议吗？

5. 个人成长与团队学习共同成长相比较，您更倾向于哪种？理由是什么？

6. 贵校提供了哪些平台或采取了哪些措施促进教师专业化成长？您觉得成效如何？您期望学校层面为教师的成长做哪些努力？

附录四　访谈抄写式样

（一）研究目的

1. 只用于学术研究。

2. 为减少各种无关因素的影响，保证受访资料的真实性和可靠性，受访者的资料将以无记名的学术编码方式显示，敬请中肯地表达意见。（以下信息，将在后期处理中改为学术编码）

（二）访谈抄写

第一部分

访谈编号	04GBCZMT02	访谈对象基本信息	性别	女
学校名称	04GBCZ		职务	校长
建校历史	70年		年龄/教龄	50+岁/27年
日期	2019年1月9日		学历	研究生
时间	10：51		学科	物理
地点	校长室		职称	正高级教师
			名师类别	特级教师

第二部分

问/答	内容	问题编号	编码类别	概览
问	校长，作为坪山区教育的领军人物，是坪山区唯一集名师、名校长、正高级教师于一身的人物，这是不是跟潮汕的文化有关系？	1		
答	或许有那么一点关系。但是我觉得最重要的是自己的家庭，父母的影响。包括现在学生的成长和培育，家庭教育还是极其重要的。我们都说一个问题孩子的背后，一般都有问题家长、问题家庭。所以我认为，不只我自己，我的兄弟姐妹不论去到哪个地方，都会在那个地方工作表现得出色，我觉得这跟自己的父母家庭教育有很大的关系。我始终认为家庭教育是极其重要的。所以在我校办校理念中，有一个理念就是家庭教育、家庭学校			
问	能跟我们分享一下您是怎么一步一步走到今天这个位置的吗？	2		
答	我是1994年来到这里的，那个时候没有想很多。我认为无论在什么时候都要扎扎实实做事，很多东西是水到渠成的，是量变到质变的一个过程。我一直想走专业路线。其实我去上课，只要走到课堂，我就会非常兴奋，会觉得这节课怎么那么快就结束了。我喜欢课堂，喜欢当老师，我记得我很小的时候，和朋友玩过家家，我就当小老师，他们都听我讲课。所以我从小就喜欢当老师，这种兴趣爱好也是非常关键的。来到这所学校后我教初二，生了小孩以后，重返课堂还是教初二，那是1998年的秋季，我生完小孩回来上班，当时学校安排我当科组长，同时当班主任，我也接受了。后面我在做的过程中，又是带初三，又是班主任，又是科组长，然后			

续 表

问/答	内容	问题编号	编码类别	概览
答	就一直待在初三，每年的成绩都还不错，归功于责任心。包括今天走到这里，我不觉得我比别人优秀。但我觉得我比别人更愿意去付出，认真地做事。1999年，当时有一个小学让我去当副校长，但是学校领导说不行，让我留下来。那一年我开始做初三年级组长，第二年就去政教处当副主任，一两年后就被提拔为校长助理，校长对我也非常信任。2009年深圳成立新区，当时校长离开后，我就成了负责人，2010年就正式任命了			
问	刚才讲了一些教育经历，也讲了一些关键节点，不管从专业也好，管理也好，当中要经过很多的努力，在整个专业成长过程中，哪个因素对自己的成长最有帮助？	3		
答	我觉得自身是最重要的，其他都是外因。外因是需要通过内因起作用的。我觉得有些东西是不谋而合的。在看一些资料、文献、名师成长、传记的时候，我会找到一些相同点。60%的名师都认为自身是最重要的因素			
问	刚才讲得都比较宏观，有没有具体的在教研方式上面的，比如说教学反思或写东西，这些具体操作的方式中哪些更重要一点？	4		
答	我会积极参加一些评比活动来提升自己，包括赛课。我会尽力地、积极地做准备去参加活动，并且认为必须有这样的一个平台。通过前前后后准备的过程，比任何时候都成长快			
问	在这个成长过程中，可能会遇到这个瓶颈，或者那个高原期，当时您是什么想法？是怎样解决的？	5		
答	对于瓶颈和高原期，我并不是那么敏感，包括现在做校长，有时压力也很大，所以我们要做自己的心理医生，做自己的贵人。面对压力这么大的时候对			

问/答	内容	问题编号	编码类别	概览
答	自己说不要管那么多，对自己问心无愧，尽心去做好，对教师公平，对学生公平。我会自己安慰自己。这个时候如果头脑不清晰，那么可能会做出一些冲动的行为。所以认真做好，问心无愧就行			
问	作为一位管理者，当教师遇到瓶颈，或在生活上遇到困难时，您会怎么帮助他们？	6		
答	瓶颈期大概出现在教师工作后的5～8年，当遇到瓶颈期的时候，你要找一些书来看，然后激励自己往前走，要找一个新的目标，一个新的寄托，这样就会更有追求。曾经有一位教师找过我，他说他自己做得非常出色，但是每次评先进评优秀时都没有他。我就说：没有评到优秀，不是你的错，也不是你不先进不优秀，而是我们的名额太少了，一年也就几个			
问	刚才讲到了个人的内因是最重要的因素，在学校环境中，个人努力和团队哪一个更重要一点？	7		
答	那肯定是个人努力更重要，但是氛围会提高整体的水平，为什么要有仪式感？因为要营造一种氛围。所以你看一个团队里面一定有20%的人是优秀的。而这20%到另外一个团队去，又可以产生一个20%。环境会促进个人更加优秀。学校办得好，会促进个人成长得更快。因此环境也是有一定影响的，外因也是比较重要的。			
问	贵校的教学质量这么好，青年教师成长得很快，学校应该搭建了很多个平台来促进青年教师的成长，主要采取了哪些措施呢？	8		
答	首先感谢你对我们的肯定，其实也没那么好。对于年轻教师的培养，我们尽力地引导他们去成长。同时，我现在的学校成立了一些工作室，去带一些			

续 表

问/答	内容	问题编号	编码类别	概览
答	优秀的团队。但我觉得任务驱动对他们的成长是最好的方式			
问	接下来在原有的措施下有什么打算，有什么创新的措施来促进青年教师的成长？	9		
答	接下来我想通过信息技术智慧课堂来促进青年教师更快地成长，包括现在建立智慧校园，这些都是促进青年教师成长的重要方向，也是我们后期要加大力度做的			

◎ 著作类

[1] 张兆芹,卢乃桂,彭新强.学习型学校的创建:教师组织学习力新视角 [M].北京:教育科学出版社,2011:38.

[2] 汤建民.基于中文数据库的知识图谱绘制方法及应用:以创新研究论文的分析为例 [M].杭州:浙江大学出版社,2010:2-3.

[3] 刘捷.专业化:挑战21世纪的教师 [M].北京:教育科学出版社,2002:80-84.

[4] 费斯勒,克里斯蒂斯.教师职业生涯周期——教师专业发展指导 [M].董丽敏,高耀明,译.北京:中国轻工业出版社,2005:28-29.

[5] 张维仪.教师教育:改革与发展热点问题透视 [M].南京:南京师范大学出版社,2000:309-320.

[6] 叶澜等.教师角色与教师发展新探 [M].北京:教育科学出版社,2001:277-302,261-265.

[7] 傅道春.教师行为访谈(一) [M].哈尔滨:黑龙江教育出版社,1995:116-117.

[8] 哈贝马斯.交往行动理论(第一卷) [M].洪佩郁,蔺

青，译.重庆：重庆出版社，1994：120-121.

［9］姚纪纲.交往的世界：当代交往理论探索［M］.北京：人民出版社，2002：34-37.

［10］波伊尔.基础学校：一个学习化的社区大家庭［M］.王晓平等译.北京：人民教育出版社，1998：22-23.

［11］陈正昌，程炳林，陈新丰，等.多变量分析方法：统计软件应用［M］.北京：中国税务出版社，2005：241-299.

［12］卢乃桂，操太圣.中国教师的专业发展与变迁［M］.北京：教育科学出版社，2009：88.

［13］刘蔚华，陈远.方法大辞典［M］.济南：山东人民出版社，1991：354-372.

［14］邱沛篁，吴信训，向纯武，等.新闻传播百科全书［M］.成都：四川人民出版社，1998：1318-1319.

［15］夏征农，陈至立.大辞海·语词卷［M］.上海：上海辞书出版社，2011：896.

［16］叶澜.教育学原理［M］.北京：人民教育出版社，2007：127-129.

◎ 博硕士论文

［1］何洁.中小学美术教师专业化成长的研究［D］.上海：华东师范大学，2006.

◎ 期刊类

［1］蔡玉胜.国际新兴区域城市管理的发展趋势及对我国的启示［J］.兰州学刊，2010（6）：68-70.

［2］陈琴，庞丽娟，许晓晖.论教师专业化［J］.教育理论与实践，2002（1）：38-42.

［3］刘湘溶.简析教师专业化与教师教育专业化［J］.中国高教研究，2004（7）：22-25.

［4］庞维国.90年代以来国外自主学习研究的若干进展［J］.心理学动态，2000（4）：12-16.

［5］薛焕玉.对学习共同体理论与实践的初探［J］.中国地质大学学报（社会科学版），2007（1）：1-10.

［6］李文兰，杨祖国.中国情报学期刊论文关键词词频分析［J］.情报科学，2005，23（1）：68-70，143.

［7］安秀芬，黄晓鹂，张霞，等.期刊工作文献计量学学术论文的关键词分析［J］.中国科技期刊研究，2002，13（6）：505-506.

［8］马费城，张勤.国内外知识管理研究热点——基于词频的统计分析［J］.情报学报，2006，25（2）：163-171.

［9］郭文斌，陈秋珠.特殊教育研究热点知识图谱［J］.华东师范大学学报（教育科学版），2012（3）：49-54.

［10］迟景明，吴琳.近十年我国高等教育学科研究热点和趋势——基于研究生学位论文的共词聚类分析［J］.中国高教研究，2011（9）：20-24.

［11］李国.新课程标准背景下的教师专业化发展浅议［J］.课程教育研究，2015（23）：189.

［12］金琳琴."一课三研"促进园本教研的实效性［J］.新课程学习（上），2014（5）：14.

［13］康莲枝.创建有利于教师专业成长的支持性课堂［J］.内

蒙古教育，2012（13）：29-30.

［14］刘春利.教研员在新课程改革中的角色［J］.新课程研究（教师教育），2007（12）：10-11.

［15］刘红梅.基于"主题研究跟进式"教研方式的实践与思考［J］.化学教育，2010，31（1）：49-51.

［16］张爱华，张晓华.以课例为载体，推进教学研究——小班集体活动"小乌龟看爷爷"一课多研的尝试［J］.早期教育（教师版），2011（4）：38-40.

［17］李莉.实践共同体式教研引领专业化成长［J］.华人时刊（校长），2012（3）：35.

［18］邬翠平."订单式竞研"：催生教研模式新变化［J］.教育研究与评论（小学教育教学），2017（7）：35-38.

［19］周向丽.对案例教学中语文教师专业化的理性思考［J］.陕西教育（教学版），2013（6）：15.

［20］黄登平.教师成长的高效平台［J］.基础教育参考，2010（12）：54.

［21］胡宏伟.多途径校本培训促教师专业成长［J］.教师，2007（10）：34-35.

［22］李宪芳."问题对话式"课堂促进教师行为改进［J］.北京教育（普教版），2015（12）：42.

［23］李安成."项群合作体"在听评课中的运用［J］.中国学校体育，2014（4）：75-76.

［24］丁前兰.从"言而不明"到"言之有物."——基于"课堂观察"的教师PCK成长案例［J］.小学教学研究，2017（13）：27-28.

［25］权淑兰.集体备课是教师专业化成长的必由之路［J］.宁夏教育，2007（12）：20.

［26］张平.“互联网+集体备课”教研方式的实践与创新［J］.甘肃教育，2017（2）：72.

［27］刘水平.磨合·整合·合力——浅谈学校教研组“三合”建设［J］.江西教育，2011（8）：28.

［28］许凤霞.“一备一例两研两调整”集体备课模式初探［J］.新课程（小学），2016（5）：93.

［29］常荣，李树国.告别“闭门造车”“单打独斗”的备课方式［J］.教书育人，2010（7）：53-54.

［30］陆海生，杨贤栋.名师工作室平台上乡村英语教师专业化成长的策略研究［J］.疯狂英语（教学版），2017（6）：160-162.

［31］李高峰.中国与IBSTPI“教师标准”的比较——评析我国三个教师专业标准（试行）［J］.教师教育研究，2012，24（3）：31-35.

［32］董超纲.以教师队伍建设促进学校可持续发展［J］.湖北教育（教育教学），2013（4）：13-14.

［33］吕秋云.利用博客研究促进教师专业化成长［J］.吉林教育，2016（28）：55-56.

［34］丁利培.网络教研下如何促进教师专业成长［J］.中小学电教（下半月），2015（3）：8-9.

［35］所桂宏.让教师在同课异构中成长［J］.时代教育，2012（14）：118.

［36］马素花.“同课异构”有助于教师专业成长［J］.课程教

育研究，2015（13）：188-189.

［37］冯璐，冷伏海.共词分析方法理论进展［J］.中国图书馆学报，2006，32（2）：88-92.

［38］张晗，崔雷.生物信息学的共词分析研究［J］.情报学报，2003，22（5）：613-617.

［39］蒋茵.国外教师专业发展的新范式及其对中国的启示［J］.全球教育展望，2005，34（9）：24-27.

［40］陈汉珍，鞠玉翠.国外教师专业发展趋势探析及启示［J］.世界教育信息，2007（6）：29-32，94.

［41］魏茂全.成人教育：构建终身教育体系的基石［J］.中国成人教育，2007（5）：13-14.

［42］楼世洲.教师的专业化发展与职业化进程［J］.河北师范大学学报（教育科学版），2004（5）：97-102.

［43］胡亚丽.多渠道促进教师专业化成长［J］.教育实践与研究（C），2016（4）：28-29.

◎ 报纸文章

［1］国家中长期教育改革和发展规划纲要工作小组办公室.国家中长期教育改革和发展规划纲要［N］.人民日报，2010-03-01（5）.

结 语

在撰写本书期间，研究者阅读了大量关于"教师专业化成长方式"这一主题的相关文献，进行了分类梳理，并通过量化研究与质性研究相结合的方式进行深入研究，基本了解了深圳市坪山区中学教师专业化成长方式的现状。本研究为教育管理部门提供信息，为深化改革提供决策参考，具有本土化研究的特征。研究过程中运用了较新的研究手段，如采用了Bicomb2.0软件进行了文献信息的提取、绘制知识图谱等，同时创建了教师专业化成长方式量表工具，虽为初步探索，还不够成熟，需要进一步完善，但为未来的量表发展奠定了实践基础。另外，本研究也尝试创新性地提出了一些教师专业化成长的建议，如"PCM三导师制"培训架构、基于U-S（University-School）合作模式的"双尖铅笔"学习共同体模型和青年教师综合素养提升"π"模型等。

由于研究者水平有限，本研究受到了以下限制：

第一，本研究采用量化研究方法的数据，受制于被访者，如被访者回答的态度不同带来的答案真实度问题、网上问卷发放带来的回收率问题等。

第二，本研究采用质化研究部分的资料，受制于研究者与被访者，如研究者的个人身份、个人倾向和生活阅历等会影响对资料的解读，被访者的个性特征、保守程度以及态度等也会影响资料的真实性。

第三，个案学校不能代表坪山区全部的情况。虽然本研究涉及的学校非常具有典型性与代表性，但是个案研究具有特定性与情境性，要考虑到学校文化、历史等，而不能简单地根据研究结论去推断其他学校的实际情况，一定要结合校情进行校本研究。

第四，由于精力和时间限制，研究者无法进行更多的个案学校研究，如坪山区的民办教育占教育体量很大一部分，但是由于支持力度不够，很难深入进行公民办个案学校的详细对比研究；又如九年一贯制学校与纯初中学校的个案对比研究也无法完成。